Christine Bauer-Jelinek –
Die helle und die dunkle Seite der Macht

Christine Bauer-Jelinek

Die helle und die dunkle Seite der Macht

EDITION VA BENE

Die Deutsche Bibliothek – CIP-Einheitsaufnahme

Bauer-Jelinek, Christine:
Die helle und die dunkle Seite der Macht / Christine Bauer-Jelinek. –

Wien ; Klosterneuburg : EDITION VA BENE, 2000.

ISBN 3-85167-102-3

EDITION VA BENE
Wien–Klosterneuburg, 2000

E-mail: edition@vabene.at
Homepage: http://www.vabene.at

Umschlaggestaltung: Horst Thom, Wien
Druck: Theiss Druck, Wolfsberg
Satz und Druckvorlage: Mag. Franz Stadler, Wien
Produktion: Die Druckdenker GmbH, Wien

Printed in Austria

ISBN 3-85167-102-3

Inhaltsverzeichnis

Vorwort

Macht war lange Zeit ein Fremdwort für mich. Wie viele meiner Zeitgenossen war auch ich beseelt vom Gedanken, man könne eine Welt des friedlichen Miteinanders schaffen. Menschen, die nach Macht streben, waren mir suspekt. Ich war fasziniert von Ideologien, die das Gute im Menschen ansprechen, und Christentum, Sozialismus, Psychologie und spirituelle Bewegungen versprachen mir jeweils auf ihre Weise „das Goldene Zeitalter“ – Gerechtigkeit auf Erden und machtfreie Beziehungen. So engagierte ich mich als junge Lehrerin für eine partnerschaftliche, „machtfreie“ Pädagogik und in politischen Bewegungen für eine gewaltfreie Gesellschaft.

Zu meinem großen Erstaunen erlebte mich meine Umgebung damals jedoch keineswegs als machtlos. Es gab Menschen, die mein Verhalten als Machtstreben bezeichneten – und das, obwohl ich immer nur das Beste für alle wollte. Erst viel später – ich war mittlerweile Psychotherapeutin geworden – begann ich meine früheren Konflikte zu verstehen. In der Arbeit mit meinen Klientinnen und Klienten hatte ich Gelegenheit, unterschiedliche Einstellungen kennen zu lernen, durch die sich stets derselbe rote Faden zog: die Verweigerung der Macht. Wenn es ihnen aber gelang, die Sehnsucht nach der machtfreien Welt als Illusion zu identifizieren und ihre eigenen Machtquellen zu erschließen, verbesserte sich meist ihre Leistung wie auch ihre Lebensqualität. Im Wirtschaftscoaching vermittelten mir Klienten, die als Entscheidungsträger bewußt nach Macht strebten, die Rückseite der Medaille – mit allen dazugehörigen Problemen. Ihre Belastungen verringerten sich, sobald sie gelernt hatten, mit der Macht maßvoll umzugehen.

Allmählich wurde mir klar, daß in vielen dieser Schicksale dieselben allgemeinen Prinzipien wirksam sind, und dies führte mich in den letzten Jahren zur Formulierung eines systematischen und nachvollziehbaren Modells. Mit dem vorliegenden Buch verfolge ich weniger einen wissenschaftlichen als einen didaktischen Anspruch: meinen Leserinnen und Lesern den Umgang mit der Macht vor dem Hintergrund der Ethik, der Geschichte und der Geschlechterrollen in überschaubarer Form zugänglich und bewußt zu machen. Auch die dunklen Seiten der Macht, wie Kampf, Gewalt und Machtmißbrauch, integrieren sich durch eine differenzierte Betrachtungsweise in das Gesamtsystem und verlieren dadurch ihre dämonische Bedeutung.

Der erste Teil des Buches handelt von persönlichen Erfahrungen mit der Macht, wie auch von deren gesellschaftlichen Hintergründen. Im zweiten Teil stelle ich die Grundzüge der Machtmechanismen aus meinem Verständnis dar, und im dritten Teil folgen Aspekte einer maßvollen, ethisch motivierten Umsetzung in die Praxis. Nach jedem Kapitel bieten Anregungen zur Selbstreflexion die Möglichkeit, eine Anwendung auf das eigene Leben zu überprüfen.

Damit kann das Buch für die Leserinnen und Leser ein Kompaß im unwegsamen Gelände der Macht sein, für die tatsächliche Expedition wird es möglicherweise dennoch hilfreich sein, auch einen erfahrenen Coach zu Rate zu ziehen.

Es ist mir ein großes Anliegen, an dieser Stelle all jenen zu danken, die mir geholfen haben, dieses Buch zu schreiben: meinen Klientinnen und Klienten, die mir ihr Vertrauen geschenkt und ihre Gedanken und Gefühle mit mir geteilt haben; Mag. Christiane Hechenberger, die mir half, Zusammenhänge aus historischer Sicht zu sehen, und die mit viel Geduld jeden meiner Entwürfe aufs Neue gelesen hat; Mag. Margit Wiener, die als Journalistin das umfangreiche Material meiner Seminare gesichtet und bearbeitet hat; Dr. Gerhard Kranner, der als Gesprächspartner und Lektor die Entstehung der Struktur begleitet und manchmal auch geklärt hat; Dr. Walter Weiss, der als Verleger die Brisanz des Machtthemas erkannte und mir durch eine rasche Produktion den Kopf zum Denken frei hielt.

Damit wünsche ich allen meinen Leserinnen und Lesern viel Freude und Erfolg auf ihrem ganz persönlichen Weg zum maßvollen Umgang mit der Macht.

Christine Bauer-Jelinek
Wien, September 2000

TEIL I

ERFAHRUNGEN MIT DER MACHT

Der Satz
„Der Klügere gibt nach"
bringt die Dummen an die Macht.

Marie von Ebner-Eschenbach

1. Kapitel
Nichts wie Unannehmlichkeiten

Kaum hat der Mensch den ersten Atemzug getan, begegnet er der Macht. Naturgemäß beginnt er sein Leben mit Gefühlen der Ohnmacht und der Hilflosigkeit. Selbst in einer liebevollen Umgebung erlebt ein Kind ständig, daß andere mächtiger sind; oft genug hat es Anlaß sich unterdrückt oder überwältigt zu fühlen. Solche Gefühle sind, abhängig von der Familiensituation, verkraftbar oder traumatisch, doch in jedem Fall wird es von diesen Erfahrungen tief geprägt. Eltern und Lehrer üben Macht aus, aber auch Freunde und Schulkollegen. Erwachsene verhalten sich je nach Erziehungsstil mehr oder weniger autoritär, Kinder vertreten ihre Ansprüche je nach Charakter und Alter mehr oder minder gewaltsam – und alle setzen immer wieder ihren Willen durch.

Wut im Bauch

Erinnern Sie sich noch daran, wie Ihre Mutter ein Spielzeug nicht kaufte, das Sie unbedingt haben wollten? Oder wie Ihnen der Bruder die Schokolade wegnahm, die Sie so gerne selbst gegessen hätten, wie der ältere Spielkamerad in der Sandkiste den Bagger an sich riß, der Ihr ganzer Stolz war? In der Schule ließ Sie ein Lehrer nachsitzen, Ihr Vater beharrte auf die strikte Einhaltung des Zeitpunktes, an dem Sie aus der Disco zurück sein sollten, und vielleicht hatten Sie Freunde, die Ihre Gutmütigkeit mißbrauchten. Erinnern Sie sich daran, wie Sie sich in solchen Situationen gefühlt haben, so erkennen Sie vermutlich Emotionen wie Wut, Verzweiflung, Hilflosigkeit, Trotz, Scham oder Trauer.

Wenn Kinder ihren Willen nicht durchsetzen können, werfen sie sich wutschreiend auf den Boden oder schlukken mühsam die Tränen hinunter. Diese Erlebnisse im Zusammenhang mit Autorität und Übermacht werden im Gedächtnis abgespeichert. Manche davon bleiben bewußt in Erinnerung, andere sind so schwerwiegend und so verletzend, daß sie verdrängt werden müssen. Doch besonders die verdrängten Erlebnisse existieren als unbewußtes Material weiter und beeinflussen die Einstellungen auch noch im Erwachsenenalter. Das unangenehme Gefühl, das viele befällt, wenn sie an Macht denken, wurzelt in diesen frühen Erfahrungen.

Natürlich wissen wir, daß in vielen Situationen Macht zum Wohle, zum Schutz oder zur Entwicklung von Kindern eingesetzt wird, und sicherlich setzen auch Kinder oft ihren Willen durch. Doch positive Erlebnisse haben nicht dieselbe dramatische und prägende Auswirkung wie negative und werden auch nicht in Zusammenhang mit dem Machtbegriff gebracht.

Endlich erwachsen

Die negativen Erfahrungen mit der Macht setzen sich im Erwachsenenleben fort. Obwohl wir uns jetzt selbstverantwortlich und unabhängig wähnen, kommt es immer wieder zu unangenehmen Situationen:

Man hat alle Dokumente zusammengesucht, Fotos machen lassen und sich einen halben Tag freigenommen – dann stundenlanges Warten vor dem Schalter im Paßamt, bis man schließlich aufgerufen wird. „Wenn Sie keine Stempelmarken mithaben, kann ich gar nichts für Sie tun, kommen Sie morgen wieder", meint der Schalterbeamte. Da heißt es zurück an den Start, und es ist klar, daß da kein Bitten und auch kein Wutanfall mehr helfen.

Der Chef in der Abteilungssitzung ist sofort Feuer und Flamme für ein Projekt, das der neue Kollege präsentiert. Dabei stammt die geniale Idee eigentlich von einem anderen Mitarbeiter, doch der hat dem Kollegen vor einigen Tagen bei einem Bier vertrauensselig davon erzählt. In der Sitzung verschweigt dieser natürlich geflissentlich, von wem die Anregung eigentlich kam. Doch anstatt auf seine Urheberschaft zu pochen, schluckt der Erfinder seinen Ärger hinunter und schweigt edelmütig.

„Na, haben Sie am Wochenende schon etwas vor?" Die attraktive und begabte Assistentin wechselt schon zum zweiten Mal den Arbeitsplatz, weil sie die anzüglichen Bemerkungen ihrer männlichen Vorgesetzten nicht ertragen kann und will. Trotz vieler Versuche und Überlegungen findet sie keinen geeigneten Weg, sich dagegen zu wehren – also bleibt ihr nur die Flucht. Als sie zum dritten Mal kündigt, hat sie wiedereinmal verloren – den Glauben an sich selbst, an die anderen und an die Gerechtigkeit.

Im Privatleben kennen wir die quälenden Konflikte, die fruchtlosen Streitereien, die endlosen Diskussionen mit Partnern, Kindern, Verwandten und Freunden. Um des lieben Friedens willen geben wir nach und verzichten auf unsere ursprünglichen Absichten. „Wie kommt der dazu, sich so zu verhalten?" „Warum habe ich mich schon wieder nicht durchsetzen können?" „Das passiert mir andauernd." Wir schwanken zwischen moralischer Entrüstung und hilflosen Selbstvorwürfen. Auf dem Amt, im Supermarkt, am Arbeitsplatz, zu Hause – überall begegnen wir den negativen Auswirkungen der Macht. Auch als Erwachsene sind wir davor nicht sicher und fühlen uns oft schwach und ohnmächtig.

Ablehnung und Verdrängung

Neben den individuellen Erlebnissen mit Macht und Ohnmacht werden unsere Einstellungen und unser Wertesystem auch durch die öffentliche Meinung und die „veröffentlichte Meinung“ in den Medien geprägt. Wenn über Macht ganz allgemein gesprochen wird, dann geschieht das landläufig eher im Zusammenhang mit „denen da oben“, den Wirtschaftsbossen und Politikern, die über unser Geschick bestimmen und dabei meist ihre Privilegien genießen. Die Zeitungen berichten über die negativen Auswirkungen der Macht, während sie zugleich analysieren, warum die Wahlbeteiligung kontinuierlich zurückgeht. Im Fernsehen ist täglich zu sehen, wie in der ganzen Welt die Mächtigen ihre Macht mißbrauchen, wie Gewalt und Korruption, Krieg und Ausbeutung ihre Begleiter sind.

Durch diese Mechanismen können wir leicht den Eindruck bekommen, daß wir der Macht hilflos ausgeliefert sind. Es ist nicht verwunderlich, daß subjektiv das Gefühl von Ohnmacht entsteht und aufrechterhalten wird. Es sind immer die anderen, die Macht besitzen: der Partner, der seinen Willen durchsetzt, die Kinder, die nicht das tun, was man ihnen sagt, der Autofahrer, der uns den Vorrang nimmt, der Chef, der auf seine Autorität pocht, der Kollege, der uns eine angestrebte Position streitig macht, die Politiker, die uns schon wieder neue Steuern auferlegen, die Weltmacht, die einen bewaffneten Konflikt austrägt, die Medien, die uns anscheinend für dumm verkaufen wollen.

Aber wie stellen wir es denn selbst an, wenn wir etwas erreichen wollen? Wie verteidigen wir uns gegen ungerechtfertigte Ansprüche? Sicher konnten wir schon irgendwann im Machtspiel punkten und unsere Interessen erfolgreich vertreten. In solchen Fällen haben wir offenbar Macht eingesetzt, selbst wenn wir es nicht so bezeichnen würden – hier wird ein wesentlicher Teil des Geschehens nicht wahrgenommen. Da niemand nur ein Opfer ist, müssen wir uns fragen, wie es zur Verdrängung der eigenen mächtigen Seite kommt.

Die negative Einschätzung vieler Menschen überdeckt die positiven Anteile der Macht. Dieses Mißverhältnis in der Bewertung des Machtbegriffes wird verständlicher, wenn wir einen Vergleich mit dem Phänomen Streß ziehen. Wir beklagen uns und leiden psychisch wie physisch unter dem Druck, den Streß erzeugt. Eher hört man einen Satz wie: „Heute habe ich im Job so viel Streß gehabt, ich bin total nervös", als eine Aussage wie: „Heute habe ich in der Arbeit so viel erledigen können, weil ich Streß hatte." Der zweite Satz weist darauf hin, was wir gewohnheitsmäßig übersehen: Streß hat auch eine positive Seite. Im Alltag nehmen wir zumeist nur die unangenehmen, krankmachenden Aspekte des Phänomens wahr, den sogenannten „Dys-Streß". Daß Streß aber auch seine anregenden, aktivierenden Seiten hat, ist uns kaum bewußt. Streß ist jedoch lebensnotwendig, weil er uns vor Gefahren schützt und uns außerdem dazu befähigt, Herausforderungen anzunehmen und sogar Höchstleistungen zu erbringen. Dieser positive Teil, der sogenannten „Eu-Streß", existiert für gewöhnlich nicht in unserem Bewußtsein. Wir nehmen – so wie bei der Macht – die guten Seiten einfach nicht wahr.

Die reine Weste – eine Illusion

Viele Menschen verweigern sich dem Machteinsatz ganz kategorisch. Sie nehmen hauptsächlich seine unangenehmen Auswirkungen wahr und möchten damit absolut nichts zu tun haben. Sie wollen nicht so sein wie die anderen und haben Sorge, daß ihre ethischen Grundsätze aufgeweicht werden könnten. Sie führen einen Beweis nach dem anderen dafür an, daß sie selbst mit Macht nichts zu tun haben und verachten jene Menschen, die Macht besitzen und ausüben. Weil sie Macht ausschließlich negativ verstehen, können sie unmöglich selbst dazu gehören und sehen sich lieber auf der Seite derer, die ohne Macht leben können. Dort fühlen sie sich zwar auch nicht immer wohl, aber sie können vor sich selbst und anderen das Image aufrechterhalten, daß sie zu „den Guten" gehören. Sie definieren sich als machtfrei, damit ihr Selbstbild intakt bleibt.

Doch genau genommen kann unser Leben ohne Machtausübung überhaupt nicht funktionieren. Ohne Macht könnte sich niemand gegen einen Widerstand durchsetzen oder sich gegen Übergriffe wehren. Menschen, die mit Macht nichts zu tun haben wollen, versäumen nicht nur ihre eigenen Möglichkeiten, sondern leiden oft auch besonders intensiv unter der Macht, die über sie ausgeübt wird. Es ist auf die Dauer unmöglich, sich aus dem Machtthema vollkommen herauszuhalten. Auch wenn wir uns noch so sehr anstrengen, es zu ignorieren – eines Tages werden wir doch darauf gestoßen: wenn ein neuer Vorgesetzter einen diktatorischen Führungsstil praktiziert, wenn Mobbing-Terror gegen einen Kollegen im Gange ist, wenn jemand bei der Scheidung übervorteilt wird, oder wenn man sich mit Gewalt konfrontiert sieht. Sich in solchen Situationen auf die Position des Nichtbeteiligten zurückzuziehen, ist auf längere Zeit schlicht und einfach unmöglich. Auch wenn man sich noch so lange verweigert, irgendwann steht man mit dem Rücken an der Wand. Ein andauernder Rückzug aus den heißen Kampfgebieten führt in letzter Konsequenz dazu, daß man nur noch zwei Möglichkeiten hat: entweder sich selbst aufzugeben oder doch aktiv die Macht zu ergreifen. Heldenhaft untergehen oder sich wehren – ich oder die anderen.

Die Nichtbeteiligung an der Macht ist also eine Illusion. Eine Illusion noch dazu, die eine Menge an Kraft und Energie erfordert. Es ist mindestens ebenso aufwendig und anstrengend, sich aus Machtspielen herauszuhalten, wie sich dieses Thema bewußt anzueignen und sich daran zu beteiligen.

Warum viele Menschen dennoch an der Illusion der „reinen Weste" festhalten, hat gute Gründe: Wenn man sich nicht beteiligt, kann man sich besser fühlen als die anderen, weil man sich die Hände nicht schmutzig macht. Menschen, die meinen, am Machtspiel nicht beteiligt zu sein, fühlen sich moralisch den anderen überlegen. Man müßte schon auf einen großen Lustgewinn verzichten, würde man zum aktiven Mitspieler der Macht.

In den folgenden Kapiteln werden wir sehen, daß die Nichtbeteiligung an der Macht eine Form von Selbstbetrug ist, die sich auf Dauer nicht aufrecht erhalten läßt. Denn schließlich will auch der „machtfreieste" Mensch ab und zu etwas durchsetzen, und auch der größte Machtverweigerer kann kein permanenter Ja-Sager sein.

Ergo – ohne Macht geht es nicht

Wollen wir dem gesamten Phänomen der Macht gerecht werden, müssen wir zu all den dunklen Seiten die hellen Seiten dazugewinnen. Wenn wir Macht nur von der negativen Seite sehen und ablehnen, können wir uns nicht über die Macht freuen, die wir bereits haben. Wir hindern uns an einer positiven Auseinandersetzung mit dem Thema, können nichts Neues dazulernen und keine strategischen Fähigkeiten entwickeln. Nur mit Macht können wir Ziele erreichen, die wir uns gesteckt haben, und ungerechtfertigte Machtansprüche anderer Personen abwehren. Denn erst wenn wir auch die positive Bedeutung der Macht erkennen, werden wir Machtinstrumente sinnvoll und kraftvoll einsetzen können, ohne unsere eigenen ethischen Grundsätze zu verraten. Ob zur Durchsetzung oder zur Abwehr: Ohne Macht geht es nicht!

Anregungen zur Selbstreflexion

Bei den folgenden Fragen geht es nicht um richtige Lösungen, sondern um Selbstbeobachtung und Integration der neuen Erkenntnisse. Für die Weiterarbeit empfiehlt es sich, die Antworten auch schriftlich festzuhalten.

Welche Gefühle, Erinnerungen und Gedanken tauchen bei folgenden Fragen auf?

1. Stellen Sie sich vor, jemand hat Macht über Sie.

---

2. Stellen Sie sich nun vor, Sie haben Macht über andere.

---

3. Durchforsten Sie Ihre Kindheit, Ihre Herkunftsfamilie, Ihre Schulzeit.
   - Wie wurde dort mit Macht umgegangen?
   - Wen haben Sie als mächtig erlebt und wen als Opfer?
   - Wer hat sich durchgesetzt und mit welchen Mitteln?
   - Wer war angesehen und warum?

---

4. Erinnern Sie sich nun an Ihre eigenen Gefühle der Ohnmacht.
   - In welchen Situationen sind sie aufgetreten?
   - Was haben Sie dagegen getan?

---

5. Überlegen Sie diese Fragen einmal in bezug auf Ihr Berufsleben, dann auf Ihre Partnerschaften und Kinder.
   - Wie haben Sie sich bisher durchgesetzt?
   - Wie wehren Sie sich gegen Forderungen und Ansprüche?
   - Wie gut gelingt Ihnen das?
   - Wie sehr sind Sie mit Ihren Methoden zufrieden?

---

2. Kapitel

Wer hat die Hosen an?

Wenn wir uns mit dem Machtthema beschäftigen, kommen wir an der Mann–Frau-Frage nicht vorbei. Ist ein Geschlecht dem anderen im Machtkampf überlegen, und wenn ja – warum? Wer ist denn nun stärker? Sind die Männer die ständigen Gewinner oder haben die Frauen ihre heimlichen Machtstrategien?

Die Statistik zeigt, daß Frauen weit davon entfernt sind, über die gleiche Macht zu verfügen wie Männer. „Es ist nur noch eine Frage der Zeit", sagen die Optimistinnen. Doch die Wirtschaftsdaten sprechen eine klare Sprache, und Untersuchungen dieser Art kommen nicht nur aus der feministischen Forschung. Der Anteil von Frauen in führenden Positionen ist immer noch minimal. Im universitären Bereich gibt es zum Beispiel bereits etwa gleich viele männliche wie weibliche Studenten, die Anzahl an weiblichen Professoren wächst jedoch nur langsam. Trotz des Einsatzes von Frauenförderprogrammen und Frauenquoten läßt die „gläserne Decke" Frauen auf ihrer Karriereleiter nicht ganz nach oben kommen. Die großartigen Vorzeigefrauen, die es geschafft haben, kann man zählen; der Großteil der immer besser ausgebildeten Frauen kommt über das mittlere Management jedoch nicht hinaus.

Die internationale Arbeitsorganisation in Genf hat aufgrund dieser Daten die These aufgestellt, daß bei einer Fortsetzung der aktuellen Entwicklung erst in rund tausend Jahren eine völlige Gleichberechtigung von Männern und Frauen in Wirtschaft und Politik erreicht sein wird.

Ist die Macht männlich?

„Schau mir in die Augen, Kleines“, sagt der starke Mann zum sanften Reh. Ruhig und sicher weiß er, wo ’s langgeht. Seine Probleme und seelischen Qualen macht er ganz allein mit sich selbst aus, nie würde er die Königin seines Herzens damit belasten. Er ist der Macher und Beschützer, er hat immer den Überblick. Selbst in höchster Gefahr denkt er zuerst an die Rettung der Geliebten und riskiert gern sein eigenes Leben. Ohne diesen Mann wüßte die unselbständige, schutzbedürftige Frau gar nicht, wie sie zurechtkommen sollte. Für sie ist seine starke Schulter lebensnotwendig. Selig und entspannt sinkt sie in seine Arme – Ende.

Trotz hartnäckiger Verteufelung und feministischer Umerziehungsversuche ist dieses Bild nicht aus den Köpfen zu bringen, und jeder Hollywood-Streifen, der ein Kassenschlager werden will, greift wieder darauf zurück. Schon Königin Brunhilde in der Nibelungensage wollte nur einen Mann heiraten, der ihr im Kampf überlegen war. Alle Freier versagten, und erst als Siegfried, der Held, sie besiegte, konnte sie sich hingeben. Ein Mann, der nicht stark ist, ist einfach nicht erotisch.

„Wo du hingehst, da will auch ich hingehen.“ Ob in der Bibel oder bis vor kurzem noch in der Ehegesetzgebung, ob in Theorien der Familientherapie oder zunehmend wieder in den Köpfen der heutigen Jugendlichen – dem Mann wird die Macht und der Frau die Hingabe zugeschrieben.

Ist die Macht männlich? Zahlen und Fakten unterstützen diese Annahme, und täglich können wir uns selbst davon überzeugen. In der Wirtschaft, in der Politik, in der Finanz, und sogar in weiblich dominierten Berufen wie im Gesundheits- und im Bildungswesen besetzen Männer die entscheidenden Positionen. Sie sprechen in der Öffentlichkeit, sie bestimmen die Themen, sie sind in den Zeitungen und im Fernsehen ständig in der Überzahl präsent.

Statistiken belegen, daß Männer mit dem Machtpotential „Finanzen" besser ausgestattet sind als Frauen. Auf Grund dieser eindeutigen Lage lautet eine grundlegende Forderung der Frauenbewegung: gleiches Geld für gleiche Arbeit. Denn auch nach Jahrzehnten intensiver Bemühungen um Gleichberechtigung verdienen Frauen in Mitteleuropa im Schnitt noch immer um rund ein Drittel weniger als Männer. Untersuchungen belegen zudem, daß nach aktuellem Stand etwa 80% der Frauen eine Altersrente unter dem Existenzminimum zu erwarten haben – eine erschreckende Tatsache.

Die großen Deals in der Wirtschaft werden von Männern geplant und abgewickelt, und auf der Liste der reichsten Menschen der Welt stehen fast ausschließlich Männer. Das Geld ist also nach wie vor fest in ihrer Hand, denn sie veranlagen ihr Geld und lassen es für sich „arbeiten". Die Hälfte der Frauen zahlt hingegen ihr Erspartes auf ein Sparbuch ein – die unrentabelste Form der Geldanlage. Rund ein Drittel der Frauen weiß nicht einmal, was der Ehemann verdient. Immer noch verlassen sich viele auf den Partner, wenn es darum geht, finanzielle Vorsorge zu treffen.

Auch auf der körperlichen Ebene läßt sich die Übermacht nicht wegdiskutieren. Ein Mann ist durchschnittlich um 12 cm größer, um 15 kg schwerer und besitzt um 10% mehr Muskelmasse als eine Frau. Diese Überlegenheit kann er jederzeit ausspielen. Er kann sich als Beschützer anbieten, doch er kann diesen Schutz auch wieder abziehen, wenn nicht geschieht, was er will. Er signalisiert allein schon durch seine Körperkraft, daß er sich den gewünschten Gehorsam auch erzwingen könnte. Mit seinem evolutionsbedingten Hang zur Aggression, seinen lautstarken Drohgebärden kann er Frauen nach wie vor in Angst und Schrecken versetzen.

Also liegt die Macht möglicherweise „von Natur aus" in den Händen der Männer. Wahrscheinlich wird die Gleichberechtigung erst durchgesetzt, wenn die Männer es wollen, wenn ihnen das ewige Gezänk der Frauen auf die Nerven geht, sodaß sie Funktionen, Geld und Technik freigeben.

Ist die Macht vielleicht doch weiblich?

Der Chauffeur öffnet den Wagenschlag der Limousine. Langsam gleitet ein Frauenbein heraus, endlos lang, schimmernd bestrumpft und mit aufreizendem Stiletto beschuht. Die Dame windet sich vollständig aus dem Auto, bei ihrem Designerkleid treffen sich Dekolleté und Rückenschlitz auf gleicher Höhe – der Vamp (oder müßte man politisch korrekt „die Vampin" sagen?) in Edelausführung tritt auf. Sie eilt in ein nobles Restaurant und trifft sich dort mit einem – Mann. Dieser ist ganz offensichtlich auf seinem Karriereweg schon recht weit nach oben gekommen – ein mächtiger Mann. Nach fünf Minuten Small talk ist der strahlende Held Wachs in ihren Händen. Ja, natürlich wird er dem Minister einen Posten abverlangen – wird er die Villa kaufen – wird er sich scheiden lassen – wird er das Geschäftsgeheimnis des Konkurrenten preisgeben.

Ist es vielleicht in Wirklichkeit so, daß die Männer nur arme abhängige Wesen sind, die ohne Sex gar nicht existieren können? Ist der ganze Popanz, den sie aufgebaut haben, nur dazu da, um das Objekt der Begierde zu beeindrucken? Oder ist es noch schlimmer: Sind die Männer eigentlich faul und laufen nur dann zu Höchstleistungen auf, wenn eine Frau sie dazu animiert?

„Der Mann ist der Kopf, doch die Frau ist der Hals“, sagt ein russisches Sprichwort. Frauen bringen mit ihren Verführungskünsten selbst Helden von ihrem Weg ab. Sie entlocken dem Geheimagenten Informationen, sie machen aus einem mittelmäßig begabten Mann einen erfolgreichen Präsidenten oder einen berühmten Maler. „Hinter jedem erfolgreichen Mann steht eine Frau“, sagt der Volksmund. Offensichtlich haben Frauen die Macht, Männer zu fördern oder sie zugrunde zu richten. Von sexuellen Verlokkungen über den Appell an die Hilfsbereitschaft bis zu Weinkrämpfen reichen die Methoden der Frauen, wenn sie ihre Ansprüche durchsetzen wollen.

Die Mütter früherer Generationen wußten noch genau, wie ein Mann zu „behandeln“ ist, damit er „funktionierte“, und sie gaben diese Tricks auch an ihre Töchter weiter. Erst durch den Wunsch nach Gleichberechtigung ist dieses Verhalten in ein schlechtes Licht geraten, und viele Frauen lehnen es heute ab und verbieten sich, diese Form der Macht bewußt einzusetzen. Doch all jene, die diese Skrupel nicht haben, erreichen damit immer noch ihre Ziele. Sogar moderne Frauenmagazine empfehlen ihren Leserinnen, auf dem Karriereweg von den „Waffen der Frau“ Gebrauch zu machen. Doch Frauen locken nicht nur mit Sex, sie wissen auch, daß die Liebe durch den Magen geht, daß in jedem Mann ein kleiner Junge steckt, der verwöhnt werden möchte. So hat schon manche Ehefrau mit Fürsorge und Kochkunst ihrem Mann die Treue schmackhaft gemacht.

Aber nicht nur die Mütterlichkeit, die Frauen in der Partnerschaft einsetzen, verhilft ihnen zur Macht über die

Männer. Die realen Mütter behalten den Einfluß auf ihre Söhne oft bis ins hohe Alter. Der Sohn ist der Beste, der Schönste und der Klügste: Diese ganz besondere Form der Liebe, mit der nicht wenige Mütter ihre Söhne verwöhnen, ist zwar auf den ersten Blick rührend, doch auf den zweiten Blick wird damit auch Macht ausgeübt – besonders, wenn das Kind bereits ein erwachsener Mann ist.

In Analysen über unsere Gesellschaftsentwicklung wird immer wieder darauf hingewiesen, daß die Entdeckung der Pille den Weg zur Gleichberechtigung der Frauen geebnet hätte. Erst dadurch hätten sie die Kontrolle über die Fortpflanzung erlangt. Das ist ein bestechendes Argument, doch ein Blick in die Geschichte und in andere Kulturen gibt Aufschluß darüber, daß es schon immer privilegierte Schichten unter den Frauen gab, die diesen Prozeß selbst gesteuert haben. Ob mit Kräuterkunde, Mondphasen oder sexuellen Praktiken, in jeder Kultur wurden Mittel und Wege gefunden, um über Zeitpunkt und Anzahl der Schwangerschaften zu bestimmen, und immer kannten Frauen sowohl Methoden zur Empfängnisverhütung als auch zur Abtreibung.

Auch heute noch wissen Frauen sehr wohl, wie sie Männer mit „ungewollten" Schwangerschaften in ihre Macht bekommen und setzen diesen Vorteil auch ein. Noch bis vor kurzem war es dann aus mit der Freiheit des Mannes, er wurde in den Versorgungsprozeß gezwungen, ob er wollte oder nicht – er „mußte" das Mädchen heiraten. Verschärfend kommt noch dazu, daß ein Mann nie endgültig sicher sein kann, ob er der Vater eines Kindes ist, ob es sein „eigen Fleisch und Blut" ist, wofür er sich abrackert. Neue Untersuchungsmethoden legen die Vermutung nahe, daß etwa 20% der Kinder nicht von dem Mann gezeugt wurden, der als Vater angegeben wurde. Das Wissen über die Vaterschaft liegt als Machtpotential zur Gänze bei den Frauen.

Auch haben Frauen die Männer fest im Griff, weil sie in der Lage sind, Trennungsprozesse über die Kinder zu steuern. Wenn Väter bei einer Scheidung um ihre Kinder kämpfen, haben sie meist keine Chance. Wenn eine Frau ihnen das eingeräumte Besuchsrecht verweigern will, setzt sie das fast immer durch. Daran ändern auch Männerinitiativen und Selbsthilfegruppen von Vätern nur wenig. Auf diesem Gebiet sind die Männer tatsächlich in der schwächeren Position. Dieses Ungleichgewicht wird in den letzten Jahrzehnten erst so richtig deutlich: Von Kindern, deren Geburt er miterlebt hat, die er gewickelt und gefüttert und um derentwillen er die Karriere geopfert hat, trennt sich auch der stärkste Mann nicht leicht.

Die wahre Macht liegt also möglicherweise „von Natur aus" in den Händen der Frauen. Sie können die Männer am Gängelband führen. Wenn sie Lust auf Helden haben, gibt es Helden, wenn Machos gewünscht sind, werden die Männer zu Machos, wenn sie sich zu Softies wandeln sollen, tun sie auch das. Solange die Männer von ihrer Sexualität beherrscht werden, die Nachkommenschaft nicht steuern können und mütterliche Versorgung brauchen, wird eine Gleichberechtigung nicht zu erreichen sein.

Mutanten – böse Mädchen und seltsame Helden

Wer hat denn nun wirklich die Macht? Sind es die Männer, wie es immer noch den Anschein hat? Oder sind es vielleicht doch die Frauen, die eigentlich die Fäden ziehen und gar kein Interesse daran haben, ihre Macht zu offenbaren? Diese Fragen lösen eine erhebliche Verunsicherung aus. Wie soll man sich denn nun als richtiger Mann und richtige Frau verhalten? Welche Vorbilder sind noch gültig, welche überholt? Wer kann was von wem beanspruchen? Gibt es in diesem Mann–Frau-Spiel festgelegte Rollen? Wer ist Täter und wer ist Opfer? Die gesellschaftlich geordnete Aufgabenteilung funktioniert nicht mehr, das System der starren Rollenzuteilungen ist nicht mehr haltbar. Offensichtlich lösen sich die traditionellen Rollenbilder auf, neue und alte Modelle existieren bunt gemischt nebeneinander, und aus dem Labor der Gesellschaft entspringen neue Prototypen und Mutanten.

Da gibt es böse Mädchen, die überall hinkommen, wenn sie nur wollen, die frech und unberechenbar ihren eigenen Weg gehen. Die Vertreterinnen der Girlie-Generation brauchen keine Emanzipation, sie nehmen sich was sie wollen, sie betrachten die Jungs als Sexobjekte und pfeifen auf Beziehung und Treue.

Frauenmagazine heben die Power-Frau in den Himmel, die als perfekt gestylte Topmanagerin ganz entspannt sämtlichen Idealvorstellungen entspricht. Sie ist sexy und erfolgreich, liebevolle Mutter und verständnisvolle Gefährtin ihres Lebenspartners oder glückliche Single-Frau. Nach ihrem Erfolgsrezept befragt, erklärt sie stolz, niemals von Männern in ihrer Karriere behindert worden zu sein und alles kraft ihrer Kompetenz geschafft zu haben.

Auch vor den „letzten Wahrheiten“ wird nicht halt gemacht. Der alte „Herrgott“ wird zur „Fraugott – ein Lieblingsbild der Frauenbewegung: „Als Gott den Mann erschuf, hat sie nur geübt.“ Die Frau scheint schlichtweg der bessere Entwurf des Menschen zu sein, Männer sind ein Fehlschlag der Natur, denn Frauen sind ganz einfach besser, klüger, schöner und natürlich stärker. Wenn sie schon immer an der Macht gewesen wären, dann würde die Welt heute ganz anders ausschauen – nämlich friedlicher und lebenswerter, ganz einfach besser.

Auf der Männerseite finden wir den jugendlichen Computer-Freak, ein Genie in einer vergammelten Bude, das sich von Pizza und Cola ernährt. Er braucht sich an keine Firmenvorschriften zu halten, verzichtet auf Anzug und Krawatte, arbeitet wann er will und verdient dabei Millionen.

Eine wachsende Spezies ist der „Soft-Karrierist“. Er bremst den Fortgang seiner eigenen Karriere, um ernsthaft „Halbe-Halbe“ zu machen, um Hausarbeit und Kinder mit seiner Frau zu teilen. Neben dem Glück, das er in der Beziehung zu den Kindern erlebt, lernt er auch die Doppelbelastung kennen. Dabei gerät er oft an die Grenzen seiner Leistungsfähigkeit.

Der „Sexy-Boy“ jeden Alters trainiert seinen Waschbrettbauch, pflegt seinen Körper und ist immer „trendy gedressed“. In neuen Männermagazinen informiert er sich über seinen Marktwert als Sexualobjekt. Er interessiert sich dafür, wie er bei Frauen ankommt, und was bei Erektionsproblemen zu tun ist. Neben Sport und Autos interessiert er sich zunehmend auch für Kosmetika und Mode.

Zudem formiert sich auch eine Emanzipationsbewegung der Männer. Sie will dem von Feminismus geknechteten „starken“ Geschlecht das Bewußtsein für seine ursprüngliche Macht zurückgeben und ein neues Selbstverständnis vermitteln. „Männer, laßt euch nicht mehr unterdrücken“, heißt der Schlachtruf in einschlägigen Selbsterfahrungs-Seminaren.

Rollenkonfusion und Wertewandel

Die jüngsten gesellschaftspolitischen Entwicklungen in den westlichen Ländern sind verbunden mit einem Rückzug des Sozialstaates. Und das, so befürchten viele Frauen, könnte sie wieder zurück an den Herd zwingen. Es könnte dazu führen, daß sie wieder oder weiterhin die unbezahlten Hilfs- und Pflegedienste für die Familie und die Randgruppen der Gesellschaft übernehmen müssen. Die Errungenschaften der Frauenbewegung wären dann rasch von wirtschaftlichen Sachzwängen zunichte gemacht. Dazu kommt noch die Knappheit an Arbeitsplätzen, die immer noch die Männer begünstigt; denn wenn es nur Platz für einen gibt, bleibt eher die Frau zu Hause.

Der Prozeß der Verunsicherung dauert nun schon seit längerer Zeit an. Über die Jahre hat die Belastung bei beiden Geschlechtern ein enormes Ausmaß erreicht. Im Bereich der Gesundheit zeigt sich bei Frauen mittlerweile ein Anstieg des Nikotinkonsums und der Herzinfarktrate, während bei Männern bisher typische Frauensymptome wie Depressionen, Eßstörungen und Panikattacken zunehmen.

Die ständig steigende Scheidungsrate in unseren Gesellschaften produziert immer mehr Singles. Während Frauen mit ihrer neuen Selbständigkeit und auch mit der Einsamkeit halbwegs gut zurechtkommen, ziehen sich alleinstehende Männer oft total zurück – ins Internet, vor den Fernseher oder in ihre Arbeitswelt. Nachdem sie ihre Freiheit ausgiebig genossen haben, leben sie in einer Patt-Situation: Die Angst vor einer Beziehung und die Sehnsucht danach halten sich die Waage.

Der Mann soll sich heute nicht mehr als Macho gebärden. Doch als Softie ist er den neuen Frauen nicht gewachsen – worauf er in die Krise fällt. Aus Unsicherheit über die Erwartungen, die all die tollen, starken Frauen an ihn stellen, versagt er auf allen Ebenen – inklusive der Sexualität. Ein bemitleidenswertes Häufchen Elend: Das starke wird zum schwachen Geschlecht.

Buchautoren sehen Männer in der Falle sitzen und appellieren an das Mitleid des weiblichen Geschlechts: „Ihr Frauen habt als erste damit begonnen, alte Muster über Bord zu werfen, nun müßt ihr das auch wieder ausbügeln." Sie sehen den „Gau der Geschlechter" am Horizont heraufziehen, wenn die Frauen nicht einlenken. Andere bezeichnen die Männer bereits als „das überflüssige Geschlecht" und beschreiben die Gründe für ihren Untergang.

Ergo – ein neues Verständnis ist gefragt

Die Aufweichung der traditionellen Rollenverteilung hat auch Auswirkungen auf das Machtverhältnis zwischen Mann und Frau. Die einen ziehen daraus den Schluß, daß die Macht prinzipiell männlich ist und daß Frauen benachteiligt sein werden, was immer sie auch tun. Die anderen meinen, daß es nur eine Frage der Zeit sei, bis es zu einem ausgeglichenen Verhältnis und einer neuen Partnerschaft kommt. Und wieder andere sehen eine Umkehrung der Machtverhältnisse – ein neues Matriarchat. Doch welchen Weg die Gesellschaft auch nehmen wird, der einzelne wird weiterhin stark gefordert sein, mit diesen Prozessen angemessen umzugehen.

Daraus ergeben sich schwerwiegende Konsequenzen: Die Auseinandersetzung mit der Macht wird für Männer und Frauen gleichermaßen bedeutsam werden. Würden nämlich die Männer in ihren Beziehungen mehr Zufriedenheit erlangen und den Einsatz von Zwang und Gewalt reduzieren wollen, so müßten sie sich aus ihrer emotionellen und sexuellen Abhängigkeit lösen und vor allem erst Macht über sich selbst erlangen. Würden die Frauen wirklich Macht in der Gesellschaft anstreben, müßten sie sehr viel mehr über die Spielregeln der Männer lernen. Sie müßten bereit sein, sich auch „die Hände schmutzig zu machen" und auf einige Vorteile ihrer derzeitigen Macht zu verzichten. Um diese Ziele zu erreichen, benötigen beide Geschlechter Grundkenntnisse der Machtmechanismen – und einige Zeit zum Üben.

Anregungen zur Selbstreflexion

1. Beschreiben Sie, wie Sie persönlich die Machtverteilung zwischen Männern und Frauen sehen.

---

2. Gab es in Ihrem Leben Situationen, in denen Sie sich aufgrund Ihrer Geschlechtzugehörigkeit mächtig gefühlt haben, und wenn ja, warum?

---

3. Gab es in Ihrem Leben Situationen, in denen Sie sich aufgrund Ihrer Geschlechtzugehörigkeit ohnmächtig gefühlt haben, und wenn ja, warum?

---

4. Was halten Sie von „neuen Männern“ und „starken Frauen“?

---

5. Wie wird sich Ihrer Meinung nach das Verhältnis zwischen Männern und Frauen in den nächsten zehn Jahren entwickeln?

---

3. Kapitel

Ein Tabu bricht auf

Wenn jemand auf sein Machtpotential angesprochen wird, spielt er es gerne herunter. „In Wirklichkeit ist ja meine Position in der Firma gar nicht so stark, mein Kollege hat viel bessere Verbindungen als ich", behauptet der Abteilungsleiter. „Eigentlich sind ja die Wähler mächtig, die uns ihre Stimme geben, nicht meine Funktion", sagt der Parteichef. Die Politikerin schwärmt von der Befriedigung, die sie aus ihren Gestaltungsmöglichkeiten zieht, gleichzeitig erwähnt sie aber auch die enorme Verpflichtung und Verantwortung, die diese mit sich bringen. Fast scheint es, als sei Macht in unseren Zeiten etwas Unanständiges, etwas, dessen man sich schämen muß.

In unserer Gesellschaft präsentieren Menschen, die viel Macht besitzen, diese selten in voller Größe. Lieber verkleinern und verschleiern sie ihr Potential. Daß jemand gar eingesteht, ihm würde seine Macht Genuß bereiten, zählt zu den raren Ausnahmen. Die gängige Botschaft ist: Macht schafft nicht Freude und Befriedigung – ganz im Gegenteil: Macht bringt nur Kummer und Sorgen.

Unter der Bettdecke

Diese Situation ist durchaus vergleichbar mit der Einstellung zur Sexualität Anfang der Sechzigerjahre – alle tun „es", aber keiner spricht darüber. In dieser Zeit fand Sex im geheimen statt, es wurde kaum geforscht, für geschlechtliche Vorgänge existierten in der Sprache nur medizinische Begriffe oder Vulgärausdrücke. Im Kino war ein nackter Busen schon ein Skandal, und Küssen in der Öffentlichkeit war verpönt. Selbstverständliche Vorgänge wie Details über die Geburt und die Funktion des Orgasmus – vor allem des weiblichen – waren dem durchschnittlich gebildeten Menschen weitgehend unbekannt.

Frauen hatten noch weniger als Männer die Möglichkeit, ihre sexuellen Bedürfnisse zu entdecken, da sowohl Partnerwechsel als auch Masturbation nicht gesellschaftsfähig waren. Insgesamt stand die Sexualität – vor allem für Frauen – überwiegend unter dem Vorzeichen von Pflichterfüllung und Fortpflanzung. Lust passierte, wenn überhaupt, im Dunkeln, unter der Bettdecke oder – für Männer – bei leichten Damen. Die Lust war darüber hinaus überschattet von der Angst, ungewollt schwanger zu werden, denn die Verhütungsmethoden waren äußerst unsicher.

Erst Oswald Kolle brachte Licht ins Dunkel der Schlafzimmer, und bald danach kam die sexuelle Revolution über die prüde westliche Welt. Es erschienen wissenschaftliche Studien über Sexualität, die Erregungskurven von Mann und Frau wurden detailgenau beschrieben, die Eigenständigkeit der weiblichen Sexualität entdeckt. Fachbücher, populärwissenschaftliche Ratgeber, Filme und Selbsterfahrungsgruppen kamen auf den Markt. Das Tabu war gebrochen – über Sex wurde geredet, geforscht und geschrieben.

Seither ist das Wissen über Sexualität in der Bevölkerung enorm gestiegen, und der Spielraum ist vor allem für Frauen wesentlich größer geworden. Wenn auch diese Entwicklung nicht nur Vorteile mit sich brachte, war die Enttabuisierung offensichtlich ein wesentlicher Schritt auf dem Weg zu größerer Freiheit. Sie eröffnete Möglichkeiten zu einem bewußteren Umgang mit der Sexualität.

Eine ganz ähnliche Situation konnte man Mitte der Neunzigerjahre im Bereich der Macht beobachten. Auch über die Macht wurde kaum wissenschaftlich gearbeitet, es gab keine ernst zu nehmenden populärwissenschaftlichen Veröffentlichungen, Seminare dazu wurden nicht angeboten, und im Psychologielexikon kam das Stichwort nicht vor. Dann tauchten die ersten Bücher zum Thema Macht auf. Einerseits wurden Klassiker wie „Il Principe" („Der Fürst") von Niccolò Machiavelli neu aufgelegt. Die Reflexionen aus dem 16. Jahrhundert über die zu dieser Zeit herrschenden Machtprinzipien waren bald auf Manager-Schreibtischen zu finden, und mancher versuchte, sich daraus Anregungen für die eigene Situation zu holen. Auch leichter konsumierbare Versionen erschienen, wie zum Beispiel „Der kleine Machiavelli" sowie – ein deutliches Indiz für die Trendtauglichkeit des Werks – ein „Machiavelli für Frauen". Auch das vor 2500 Jahren vom chinesischen Philosophen Sun Tsu verfaßte Werk „Die Kunst des Krieges" fand wieder neue Leserschaft.

Enthemmung und Horizonterweiterung

Danach kamen Neuerscheinungen auf den Markt, die auf eine sehr explizite Weise die „erfolgreichsten" Methoden der Machtausübung beschrieben – und es war vorwiegend die „dunkle Seite" der Macht, die Autoren und Leser gleichermaßen faszinierte. Das unterschwellig transportierte Motto hieß dabei meist: „Wie komme ich am einfachsten nach oben, wie werfe ich mein Gewissen über Bord oder kurz: Wie werde ich ein Charakterschwein." So fanden sich Ratgeber mit Titeln wie „Mit den Wölfen heulen. Tips und Tricks für die Karriere auf die fiese Art", oder „Überleben im Bürodschungel - Wie man Chefs, Kollegen und Mitarbeiter bändigt". In einem Bestseller wurden die „48 Gesetze der Macht" postuliert. Der Autor rät zu Strategien wie: „Mache Menschen von dir abhängig" oder „Vernichte deine Feinde vollständig". Auf gut 500 Seiten wird ganz so argumentiert, wie es der Klappentext erwarten läßt: „Macht hat einen hohen Preis: Wer auf ihren Gipfel gelangen will, darf sich nicht zu lange bei moralischen Bedenken und Skrupeln aufhalten."

Wie oft nach einer langen Zeit der Tabuisierung fiel der Befreiungsschlag auch hier wohl etwas heftig aus – doch die Lage beginnt sich zu entspannen. Vereinzelt tauchen bereits komplexere Betrachtungen auf: Biographien historischer Persönlichkeiten „Von Perikles bis Mao" beschreiben die Techniken der „Virtuosen der Macht". Ein deutscher Soziologieprofessor vertritt die These, daß die Macht entschwindet, wenn Frauen danach greifen, und daß sie daher „Die ewig Zweite" bleiben werden. Auch neue feministische Bücher wie „Die ganze Frau" beschäftigen sich mit der Machtfrage, doch sie beklagen die Tatsache, daß es eher Rückschritte – den Backlash – zu beobachten gebe, und daß die traditionellen Rollenbilder wieder an Terrain gewinnen würden. Ein renommierter Religionssoziologe sucht nach den „Spuren der Macht im Verhältnis der Geschlechter" und rollt deren Beziehung im Lauf der Geschichte auf. Beginnend mit den Jägern und Sammlern endet er mit der Anregung, daß die Frauen gegen die Männermacht ankämpfen sollten.

Das erwachte Interesse an dem Tabuthema „Macht" öffnet nun den Blick für die Entstehung des Tabus selbst. Solange „man nicht weiß, daß man nichts weiß", also solange ein Tabu aufrecht ist, können auch die entscheidenden Fragen nicht gestellt werden. Erst jetzt finden wir die Worte, um zu forschen und zu publizieren. Ein Blick in die Geschichte kann uns einen Zugang zu den Ursachen der Tabuisierung eröffnen.

Zyklen der Macht

Über weite Strecken der Geschichte waren die Mächtigen und Machtlosen immer deutlich voneinander getrennt: Strenge Vorschriften für Bekleidung und Haartracht machten die sozialen Unterschiede für jeden sofort ersichtlich. Die Herrschenden stellten Prunk und Luxus zur Schau, sie hatten das Recht über Leben und Tod, den Zugriff auf menschliche und wirtschaftliche Ressourcen, sowie das Monopol auf Wissen und Bildung. Wer an die Macht kam, bekannte sich offen dazu und zeigte das auch öffentlich. Dadurch war immer deutlich zu sehen, wer zu den Herrschenden gehörte und wer zu den Beherrschten. Jeder der Beteiligten konnte auf den ersten Blick erkennen, auf welcher Seite der Macht er sich befand und welche Auswirkungen dies auf sein Leben hatte – und zwar auf sein ganzes Leben und das seiner Familie, denn eine Veränderung war nahezu unmöglich und passierte nur äußerst selten.

Vom Beginn der Geschichtsschreibung bis ins 18. Jahrhundert erfolgte der Wechsel der institutionalisierten Macht nach dem gleichen Muster: Machtablösen formierten sich unter der Notwendigkeit, die Bedürfnisse der Menschen besser zu befriedigen, oder Veränderungen Rechnung zu tragen. Dies begann meist mit hohen Idealen und leitete zunächst auch neue Entwicklungen ein, und so gelangten die neuen ideologischen Konzepte zu ihrer anfänglichen Akzeptanz. Sie bekamen Unterstützung von seiten derer, die sich von ihr die Lösung ihrer Probleme erwarteten. Dann etablierten sich die neuen Machthaber, und die

Herrschaft erreichte ihren Zenit. In der Regel erfaßten nun Machtmißbrauch, Korruption und Dekadenz die Herrschenden. Ab diesem Zeitpunkt begann die Lebensqualität der Beherrschten zu sinken, und die Unzufriedenheit nahm wieder zu. Die latent vorhandene Gegenmacht bekam einen Aufschwung und löste wieder eine Machtablöse aus. Dieser Wechsel konnte friedlich verlaufen, häufig kam es jedoch zu dramatischen Verwerfungen – Revolution, Krieg, Intrige und Mord. Oft erst nach jahrelangem Ringen und nach Zeiten der Unsicherheit gewann wieder eine Gruppe die Oberhand, und der Ablauf begann von vorne.

Das Überraschende an dieser Beobachtung ist, daß nach einer für geschichtliche Prozesse äußerst kurzen Zeit von einigen Jahren die neuen Machthaber zu ähnlichen Methoden griffen wie die alten: Sie demonstrierten ihre Macht mit allen zur Verfügung stehenden Mitteln – nach innen, dem eigenen Volk gegenüber, und nach außen, gegenüber den Nachbarländern – sie schufen Privilegien für die herrschende Schicht, sie sicherten sich die materiellen Ressourcen und den Zugriff auf das Militär, sie vernichteten ihre Feinde physisch oder hielten sie wirtschaftlich an der kurzen Leine. Wirklich bemerkenswert ist, daß dieser Mechanismus automatisch zu greifen begann, unabhängig von der Ideologie, die von der Gruppierung vertreten wurde. Selbst wenn der Anlaß für den Machtwechsel Grausamkeit oder Unfähigkeit der Herrschenden war, und die zukünftigen Machthaber dem Volk mehr Gerechtigkeit und Wohlstand versprachen, befanden sie sich selbst nur wenige Jahre nach der Machtübernahme zumeist auf denselben Bahnen wie ihre Vorgänger.

In Aussagen wie „Die Revolution frißt ihre Kinder" und „Macht verdirbt den Charakter" kommt dieses Phänomen zum Ausdruck. Die Erklärungsversuche dafür reichen von der Lernunfähigkeit des Menschen bis zur Theorie eines Machttriebes. Wir wollen nun als nächstes unseren Blick auf jene Entwicklungen lenken, die diesen zwingend erscheinenden Zyklus der Macht grundsätzlich zu durchbrechen versuchen.

Zwei Entwürfe für neue Machtverhältnisse

„Alle Menschen sind gleich" – diese uns heute selbstverständlich klingende Aussage war ein revolutionärer Schock für das Weltbild des 18. Jahrhunderts. In Europa war die Regierungsform des Absolutismus obligat. Man war daran gewöhnt, daß alle Macht sich in einer Person wie Kaiser, König oder Zar konzentrierte.

Erst Jean Jacques Rousseau brachte die neue Idee in die Welt: Wenn es kein göttliches Gesetz der Über- und Unterordnung gibt, dann sollte das Volk seine Herrscher abwählen können, sobald es mit ihrer Regentschaft nicht mehr zufrieden ist. Auf diese Irritation reagierten einige Staaten Europas, wie Preußen, Österreich und England, mit verstärkter Reformbereitschaft. Frankreich, noch ganz in der Selbstherrlichkeit der Sonnenkönige, glaubte den alten Stil beibehalten zu können. Folgerichtig kam es 1789 dort zur ersten bürgerlichen Revolution, bei der die Ideale von Freiheit, Gleichheit und Brüderlichkeit ausgerufen wurden. Mit diesen Ideen wurde die Grundlage für unsere heutigen westlichen Demokratien gelegt. „Alle Macht geht vom Volk aus" – die Aufteilung der Macht, die Gewaltentrennung und die rechtliche Verankerung der Kontrolle „von unten", durch das Volk selbst, sollen die Grundrechte des Menschen wahren und das Individuum vor Mißbrauch schützen. Die USA waren nach dem Unabhängigkeitskrieg der Kolonien die ersten, die diese demokratischen Prinzipien auch in der Verfassung festschrieben. In Europa dauerte der Prozeß der Demokratisierung wesentlich länger. Wohl gab es in der konstitutionellen Monarchie Englands bereits eine lange Tradition der Mitsprache des Volkes, doch erst nach und nach erhielten die Staaten Mitteleuropas auch demokratische Verfassungen. Der eigentliche Durchbruch kam nach dem Ersten Weltkrieg.

Mitte des 19. Jahrhunderts wurde eine weitere bahnbrechende Idee geboren: Um der Idealvorstellung von der Gleichheit der Menschen und dem gleichen Zugang zu den Produktionsmitteln gerecht zu werden, müsse erst eine Umkehrung der Macht stattfinden. Da die Herrschenden ihre Macht nicht freiwillig hergeben würden, müßten sie enteignet, und das Volk durch Umerziehung mit den neuen Gedanken vertraut gemacht werden. Erst danach würde Gerechtigkeit auf der ganzen Welt möglich sein.

Ausgehend von Rousseau und aufbauend auf den Idealen der sozialistischen Utopisten stellten Marx und Engels im „Kommunistischen Manifest" eine neue Weltordnung vor – strikt getrennt nach guten und bösen Menschen, nach Ausgebeuteten und Ausbeutern. Die Macht sollte in die Hände der werktätigen Bevölkerung gelangen, und die Intellektuellen sollten ihr Sprachrohr werden. Die Klasse der Herrschenden und Besitzenden wurde in Rußland mit der Oktoberrevolution 1917 entmachtet und „Die Diktatur des Proletariats" an ihre Stelle gesetzt.

Die Ausbreitung des Kommunismus brachte eine neue Form der „Macht von unten" auf den Plan. Die Art der Machtübernahme und die Auswirkungen nach außen und innen waren im Stalinismus jedoch dieselben wie schon immer davor: grausame Vernichtung der Gegner im eigenen Land, Schreckensherrschaft, Privilegien für die Funktionäre, klare Deklaration der Machtinhaber und Ausprägung einer herrschenden Schicht. Der Zugang zur Bildung und zu den Produktionsmitteln, die Beseitigung der schlimmsten Armut, die Gleichstellung der Frau – all das waren Errungenschaften, die diesem System in der ersten Zeit zur Akzeptanz verhalfen. Auch konnte Rußland trotz dieser gewaltigen inneren Veränderungen seine Position unter den mächtigen Staaten in Europa halten.

Zwei Macht-Blöcke

Während der Kommunismus nach dem Zweiten Weltkrieg seine Grenzen bis in die Mitte Europas verlagern konnte, gerieten die westlichen Staaten in den Einflußbereich der USA. Finanzhilfen für den Wiederaufbau, Schutz durch die NATO und das gemeinsame demokratische Weltbild ließen eine Allianz entstehen, die dem Kommunismus die Stirn bieten sollte. Bald entwickelten sich zwei Supermächte, die einander durch das „Gleichgewicht des Schreckens" in einem Kalten Krieg in Schach hielten.

In der Demonstration ihrer Macht nach außen zeigten beide Blöcke ein ähnliches Verhalten: Es begann ein gigantischer Wettlauf in der Rüstung und der Raumfahrt, der Wirtschaft und der Wissenschaft. Unter gegenseitigen Drohgebärden gestalteten sie die Ausweitung ihrer Einflußsphären auf den Rest der Welt. Nach innen verfestigten die beiden Weltmächte ihre im Ursprung verwandten und andererseits extrem konträren Ideologien: Beide bauen auf dem Gleichheitsgrundsatz auf, die Umsetzung gestaltet sich jedoch unterschiedlich.

In den kommunistischen Staaten steht jedem Bürger automatisch und unabhängig von seiner Leistung der gleiche Anteil an der gesamten Wertschöpfung und den vergesellschafteten Produktionsmitteln zu. „Wenig, aber das sicher", ist die Devise. Die Gleichheit ist verordnet und wird zentralistisch verwaltet. Die Staatsform ist eine klare, offen gezeigte Diktatur, doch mit einer Machtstruktur, in der das Volk selbst der Diktator sein sollte. Deklarierte Feinde des Systems sind die Kapitalisten und die Bourgeoisie. Würden die westlichen Einflüsse endlich nicht mehr das Volk verderben, und würde nach der Übergangsphase der Diktatur des Proletariats die notwendige Bereinigung der Machtverteilung abgeschlossen sein, dann könnte der „wahre Sozialismus" verwirklicht werden – und die Macht wäre gezähmt.

„The American Dream" verspricht jedem Bürger gleiche Chancen und Rechte und einen beliebig großen Anteil am Wohlstand, der jedoch abhängig ist von der persönlichen Leistungsfähigkeit des Individuums. Die Gleichheit ist ein theoretisches Recht, das der einzelne nutzen kann und soll. Die Bürger der USA sind stolz auf ihre demokratische Verfassung und leben in der Vorstellung, daß sie die ersten sind, denen es gelungen ist, die Macht demokratisch zu kontrollieren. Würden sie jetzt auch noch alle anderen Staaten der Erde dazu bringen, ihre Regierungsformen in Demokratien westlicher Prägung umzuwandeln, und würde vor allem der Kommunismus verdrängt werden, dann wäre das Prinzip der Freiheit und Gleichheit verwirklicht – und die Macht wäre gezähmt.

Ein katastrophaler Rückfall

Die jungen Staaten Mitteleuropas erlebten nach dem Ersten Weltkrieg einen dramatischen Rückfall in ihrem Demokratisierungsprozeß. Deutschland und Österreich hatten Probleme, mit den staatspolitischen und wirtschaftlichen Gegebenheiten fertig zu werden, die durch den Verlust der Kronländer, die Verträge von Versailles und St. Germain entstanden waren. Über fünfzehn Jahre lang konnten sich keine stabilen Machtverhältnisse bilden. Daher war es auch für den Nationalsozialismus und die Propagandisten Hitlers ein leichtes, die Untauglichkeit der Demokratie anzuprangern und den Siegeszug anzutreten. In Deutschland zuerst legal an die Regierung gekommen und in Österreichs Machtvakuum eingedrungen, errichtete Hitler die Schreckensherrschaft des Dritten Reiches.

Unter seiner Führung wurde die Staatsmacht auf eine Art und Weise ausgeübt, wie es die Welt noch nicht erlebt hatte. Alle Elemente, die der Festigung und Absicherung der Herrschaft dienen, wurden mit rücksichtsloser Konsequenz eingesetzt: von der Rückendeckung durch die Rüstungsindustrie bis zu ausgeklügelten Verhandlungsstrategien, von der Emotionalisierung des Volkes über den gezielten Einsatz von Ritualen bis zur Verbreitung von Angst und Schrecken, von der Propagandamaschinerie bis zur lückenlosen sozialen Kontrolle. Die Macht wurde in einem nie da gewesenen Ausmaß mißbraucht, die eigenen Bürger und andere Staaten für die Verwirklichung der Ideologie getäuscht und benutzt. Erst als der militärische Sieg der Alliierten Deutschland befreite, konnte es zu einer Loslösung aus der Umklammerung des Nationalsozialismus kommen. Die politische Macht wurde daraufhin in Europa und in der Welt neu verteilt.

Zwischen den Machtblöcken der USA und der UdSSR machten sich die Kriegsverlierer Deutschland und Österreich an den Wiederaufbau. Schwer angeschlagen im Selbstbewußtsein und kategorisiert in Grade der Nazibelastung, vollbrachten die Bürger das „Wirtschaftswunder“. Das politische Klima war gezeichnet von einer Zerrissenheit zwischen einer langen Tradition des Obrigkeitsdenkens und den neuen Verlockungen des amerikanischen Individualismus, zerrissen aber auch zwischen den Idealen des Sozialismus und den Versprechungen des Kapitalismus.

Mit der neuen Demokratisierungswelle, die in Mitteleuropa nach dem Krieg entstand, wurde jede Konzentration und jede offene Darstellung von Macht abgelehnt. Die erste Regierung war in Österreich folgerichtig eine Regierung aller Parteien, und zusätzlich bildete sich hier das Modell der Sozialpartnerschaft heraus. So wurde das Konfliktpotential entschärft, Differenzen wurden hinter verschlossenen Türen ausgetragen, die Bürger wenig mit grundsätzlichen Fragen belastet. Das brachte sozialen Frieden und in Kombination mit einem stetigen Wirtschaftswachstum auch unter wechselnden Regierungen eine dauernde Stabilität.

Die Macht im Untergrund

Der entsetzliche Machtmißbrauch durch den Nationalsozialismus hatte in Europa einen Schock ausgelöst, der die Auseinandersetzung mit dem Thema Macht auf Jahrzehnte stoppen sollte – Sprachlosigkeit überkam die einzelnen Menschen wie auch Regierungen und Medien. Ein zeitgenössischer Politologe sagte dazu: „Deutschland litt an seiner Machtbesessenheit, dann fiel es für 50 Jahre in die Machtvergessenheit." Man stürzte sich in die ausreichend vorhandenen Aufgaben für den Wiederaufbau und setzte auf das Leistungsprinzip – ohne die Vergangenheit aufzuarbeiten. Doch im Bewußtsein war eine Veränderung eingetreten. Niemand wollte mehr so recht die Macht für sich beanspruchen, denn niemand wollte in den Verdacht kommen, dem alten Gedankengut anzuhängen. Mit der Entnazifizierung fielen auch alle Formen der offenen Machtdemonstration und die damit verbundenen Rituale der Verdrängung anheim – unter dem Motto „Wenn man die Macht nicht sieht, dann ist sie nicht da". Dieser dezente Umgang traf mit den Prinzipien der Demokratie zusammen, die ja eine neue Einstellung zur Macht postulierten.

Die demokratische Positionierung war erst in Entwicklung begriffen, ihre Unsicherheit lieferte ein Umfeld, in dem sich die Tabuisierung der Macht ausbreiten konnte.

„Keine Macht für niemand" hieß folgerichtig – wenn auch grammatikalisch falsch – eine der Parolen der 68er-Bewegung. Das Machtthema wurde ausgeblendet, und wer es zur Rede brachte, war von vornherein suspekt. In der Pädagogik galt die antiautoritäre Erziehung als das Non-Plus-Ultra, in alternativen Unternehmen wurde mit den Möglichkeiten der kollektiven Führung experimentiert, neue politische Bewegungen praktizierten das Rotationsprinzip und die Basisdemokratie – Chef zu sein war ganz allgemein keine begehrenswerte Position.

Die Tabuisierung des Machtthemas zeigte sich auch in der Sprache. Sie wurde sukzessive von allen Ausdrücken „gesäubert", die an die vormaligen Machtstrukturen erinnerten. So wurden etwa die militaristischen Begriffe im Management entschärft: Politisch korrekt sagt man nicht mehr Manöverkritik, sondern Prozeßanalyse. Man steht nicht mehr „an der Front", sondern „aktiv im Geschehen". Der „Wahlkampf" wird zum „Wahlszenario", und Mitarbeiter werden nicht mehr „entlassen", sondern „freigesetzt". Alle diese Redewendungen sollen suggerieren, daß es sich hier um partnerschaftliche Prozesse handelt.

Doch der Schein trügt: Mit geringen nationalen Unterschieden prägt heute eine Mischung aus Sicherheit und Orientierungslosigkeit die Einstellung der Menschen in den westlichen Demokratien: Die Sicherheit entsteht durch das Gefühl der Kontrolle und die Orientierungslosigkeit durch die Tabuisierung der Macht. Die Bevölkerung als eigentlicher Souverän besitzt kein Wissen über die Mechanismen der Macht und hat außer der Teilnahme an allgemeinen Wahlen nur wenig Möglichkeiten, aktiv damit umzugehen. Da es in unseren Gesellschaften derzeit keine allzu negativen Auswirkungen durch Machtmißbrauch zu geben scheint, sehen die Menschen auch keine Veranlassung, sich um eine aktivere Rolle zu bemühen. So kommt es zu Politikverdrossenheit und ständig sinkender Wahlbeteiligung. Was sich jedoch alles unter dem Schleier des Tabus verbirgt, wird noch zu erforschen sein.

Auch die Bevölkerung in den ehemals kommunistischen Ländern erlebt sich in ihrem System nicht als besonders mächtig. Der „wahre Sozialismus" wurde in keinem Land verwirklicht, und spätestens seit dem Fall des Eisernen Vorhanges hat der Kommunismus seine Kraft als Utopie verloren. Sein Ansatz für einen neuen Umgang mit der Macht scheint nicht realisierbar zu sein. Die westlichen Demokratien betrachten ihr System seither als siegreich. Die Bestrebungen der USA, die Demokratisierung nach westlichem Muster auf der ganzen Welt durchzusetzen, haben dadurch Verstärkung erhalten. Um diesen einzigen verbliebenen Entwurf zur Kontrolle der Macht auf seine Tauglichkeit zu überprüfen, sind die Menschen nun aufgefordert, sich mit ihrer Rolle als „Machthaber" in den demokratischen Systemen auseinander zu setzen und aktiv in die Politik einzugreifen.

Ergo – die Macht verschwindet nicht

Die letzten Jahrzehnte waren von einer Sprachlosigkeit gegenüber der Macht gekennzeichnet, in der die Hoffnung mitschwang, diese ganz zum Verschwinden bringen zu können. Doch die Macht löst sich nicht einfach in nichts auf, weil keiner sie mehr haben will. Wenn sie tabuisiert wird, verschwindet sie zwar für einige Zeit in der Versenkung, verlagert sich aber dann auf eine andere Ebene. Zumal den negativen Aspekten der Macht durch Verleugnung nicht beizukommen ist, denn auch dem Mißbrauch sind im Untergrund Tür und Tor geöffnet. Dieser tritt dann eher verschleiert auf und ist dadurch noch schwerer wahrzunehmen.

Ein Tabu soll eine Gemeinschaft schützen, solange ihre Mitglieder nicht in der Lage sind, sich der Bewältigung eines Problems durch bewußte Handlungen zu stellen. Wenn die Macht in unserer Gesellschaft in den Händen des Volkes und damit in der Verantwortung jedes Individuums liegen soll, dann wird es Zeit für eine Auflösung des Tabus und eine Auseinandersetzung und Lernphase auf breiter Basis. Die Zeit scheint reif, das Thema aus dem Untergrund zu heben und auf einer neuen Bewußtseinsebene damit umzugehen, denn Verantwortung kann man nur für jene Bereiche übernehmen, deren Prinzipien man durchschaut. In einer demokratischen Gesellschaft hat auch der einzelne die Wahl und die Verantwortung, Entwicklungen rechtzeitig wahrzunehmen und sich selbst mit dem nötigen Wissen und Bewußtsein auszustatten.

In der nun beginnenden Diskussion über die Macht wird immer wieder auf die Gefahr hingewiesen, die in ihrer Thematisierung steckt. Menschen, die im Besitz der Macht sind, fürchten Konkurrenz, und Machtskeptiker warnen vor einer Renaissance alter Machtstrukturen. Doch es bergen beide Wege – die Thematisierung wie die Tabuisierung – Gefahrenmomente in sich. Das Verharren im Tabu beläßt die Macht im Untergrund und hält die Illusion partnerschaftlicher Verhältnisse aufrecht. Die Thematisierung und Erforschung bringt sicherlich neue Probleme mit sich. Sie eröffnet jedoch auch neue Sichtweisen und Handlungsspielräume für den Umgang mit der Macht.

Anregungen zur Selbstreflexion

1. Wie sehen Sie die Verteilung der politischen Macht im Staat, in dem Sie leben?

2. Welche bestehende Staatsform geht Ihrer Meinung nach mit der Machtfrage am besten um?

3. Wie müßte ein Staat, eine Verfassung aussehen, sodaß Sie mit seinem/ihrem Verhältnis zur Macht zufrieden sind?

4. In welchen Bereichen Ihres persönlichen Umfeldes erkennen Sie, daß die vorhandene Macht verschleiert wird?

5. Was meinen Sie, aus welchen Gründen das im konkreten Fall geschieht?

6. Gibt es Bereiche, in denen Sie selbst Ihre Macht nicht wahrhaben wollen, verdrängen, verschleiern oder verweigern?

7. Aus welchen Gründen verhalten Sie sich so? Wovor haben Sie Angst, welche Vorteile bringt es Ihnen?

8. Was würde passieren, wenn Sie sich Ihr volles Machtpotential bewußt machten?

TEIL II

MECHANISMEN DER MACHT

„Die Macht wirkt durch kleinste Elemente: die Familie, die sexuellen Beziehungen, aber auch: Wohnverhältnisse, Nachbarschaft etc. So weit man auch geht im sozialen Netz, immer findet man die Macht als etwas, das „durchläuft", das wirkt, das bewirkt. Sie kommt zur Wirkung oder nicht, das heißt, die Macht ist immer eine bestimmte Form augenblickhafter und beständig wiederholter Zusammenstöße innerhalb einer bestimmten Anzahl von Individuen. (...)

Die Macht ist niemals voll und ganz auf einer Seite. So wenig es einerseits die gibt, die die Macht ‚haben', gibt es andererseits die, die überhaupt keine haben. Die Beziehung zur Macht ist nicht im Schema von Passivität–Aktivität enthalten."

Michel Foucault: Mikrophysik der Macht

1. Kapitel

Was ist Macht?

Was meinen wir überhaupt, wenn wir von Macht reden? Wenn zwei Personen darüber diskutieren, sprechen sie dann schon automatisch vom selben Sachverhalt? Welche gemeinsame Definition kann so unterschiedliche Themen wie die Waffen einer Frau, die Macht der Medien, die Staatsgewalt oder die Privilegien der Prominenz miteinander verbinden?

Macht und Können

Beginnen wir ganz von vorne mit der Frage: „Woher kommt der Begriff ‚Macht' in der deutschen Sprache?" Er hat – so die sprachwissenschaftliche Erklärung – seine Wurzel in dem Zeitwort „mögen". Dieses ist in der Bedeutung von „können" und „vermögen" zu verstehen. Macht haben bedeutet also, über die Möglichkeit zum Handeln zu verfügen. Entgegen vieler Behauptungen kommt „Macht" also nicht von „machen", sondern von „können". Offensichtlich gehört zum Themenkreis der Macht mehr, als bloß „etwas zu machen".

Heute wird „Macht" in der Alltagssprache mit einer Reihe von anderen Wörtern sinnverwandt gebraucht. Begriffe wie Kraft, Stärke, Einfluß, Herrschaft oder Gewalt werden oft nicht streng voneinander unterschieden, sondern beinahe beliebig variiert. Redewendungen machen das deutlich: Wenn zum Beispiel eine Person *Macht ausübt*, dann herrscht sie. Wenn man *jemanden in seiner Macht hat*, dann hat man ihn in seiner Gewalt. Wer seine *Macht gebraucht*, kann seinen Willen durchsetzen und sich Einfluß verschaffen. Wird *jemand seiner Macht beraubt*, dann wird er aus einer einflußreichen Position verdrängt. Kommt eine Partei an die Regierung, dann *kommt sie an die Macht*. Bei einem Putsch *reißt jemand die Macht an sich.*

Spärliche Spuren

Die wissenschaftliche Literatur liefert zum Machtthema nicht viel Material, das auch im Alltag hilfreich wäre. Nur wenige Autoren beschäftigen sich überhaupt mit Definitionen des Machtbegriffes, und diese beziehen sich eher auf Teilbereiche. Sie betonen ganz bestimmte Aspekte des Phänomens Macht und lassen die anderen außer acht.

Der deutsche Soziologe Max Weber streicht in seiner Beschreibung die Bedeutung von Macht als Herrschaft hervor: „Macht bedeutet jede Chance, innerhalb einer sozialen Beziehung den eigenen Willen auch gegen Widerstreben durchzusetzen, gleichviel worauf diese Chance beruht."

Hannah Arendt, eine deutsch-amerikanische Politologin, sieht Macht vorrangig als Verantwortung. Nach ihrer Definition entspricht Macht „[...] der menschlichen Fähigkeit, nicht nur zu handeln oder etwas zu tun, sondern sich mit anderen zusammenzuschließen und im Einvernehmen mit ihnen zu handeln." Wird eine Person mit Macht ausgestattet, geht sie damit eine Verpflichtung gegenüber denjenigen ein, in deren Namen sie handelt.

Niccolò Machiavelli, der große Staatsmann und Geschichtsschreiber aus dem 16. Jahrhundert, sieht in der Macht vor allem eine politische Kategorie, die nicht nur ein Mittel, sondern auch Ziel des Handelns ist. Der deutsche Philosoph Friedrich Nietzsche hat bereits vor 100 Jahren mit seinen Schriften „Der Wille zur Macht" diese zur Grundausstattung des Menschen gezählt und sie damit in die Nähe der Psychologie gerückt. Den Schriftsteller Elias Canetti beschäftigten die Phänomene von „Masse und Macht". Ganz profan sieht hingegen der Romancier Oscar Wilde die Sache: „Macht ist die einzige Lust, derer man nicht müde wird."

Allen Denkern gemeinsam ist, daß sie sich detailliert mit einzelnen Aspekten der Macht auseinandersetzen und mit ihrer jeweiligen Betrachtungsweise in wissenschaftliche Tiefen und Höhen vordringen. Nirgends jedoch findet sich eine allgemein verständliche Übersicht, die alle Aspekte des Machtbegriffes einbezieht und strukturiert. Da jedoch das Machtthema gerade in unserer Zeit nicht nur für die Wissenschaft, sondern für jeden einzelnen Menschen von großer Bedeutung ist, brauchen wir für die Auseinandersetzung damit eine klare Systematik und ein nachvollziehbares Modell.

Eine Definition

Wenn man alle Verteufelungen und Übertreibungen in bezug zur Macht wegläßt, erkennt man zwei Elemente, die den Machtbegriff bestimmen.

Zum einen gibt es ein Ziel, das jemand erreichen will, zum anderen einen Widerstand. Das heißt, daß sich diesem Wollen ein anderer entgegen stellt oder entgegen stellen könnte. Die Definition lautet daher:

Macht ist das Vermögen,
seinen Willen gegen einen Widerstand
durchzusetzen.

Man kann sich jetzt fragen, warum nur bei Widerstand von Macht die Rede sein sollte. Ist denn nicht auch Macht im Spiel, wenn man mit Kreativität etwas gestalten oder strukturieren kann? Nein, denn zum Gestalten und Strukturieren genügen Eigenschaften wie Kraft, Ausdauer und spezielle Fähigkeiten. Es wäre weder sinnvoll noch für eine Bewußtseinsbildung förderlich, würde man den Machtbegriff einer Inflation unterwerfen, und müßte für alles, was man tut, Macht eingesetzt werden. Macht kommt eben nicht einfach von „machen". Man kann ein Bild malen, eine Mahlzeit bereiten, ein Auto reparieren, mit Freunden spazieren gehen – dazu wird noch keine „Macht" gebraucht. Erst wenn andere Interessen sich gegen die eigenen stellen, benötigt man Macht, um ein Ziel erreichen zu können.

Der Ursprung der Macht

Woher kommt aber nun der Wille, für dessen Durchsetzung wir Macht brauchen? Alles was der Mensch will, läßt sich auf Bedürfnisse zurückführen. Es gibt beispielsweise Grundbedürfnisse wie Essen, Schlafen oder Fortpflanzung und psychische Bedürfnisse nach Sicherheit, Geborgenheit oder Anerkennung. Alles, was wir Menschen wollen, von den täglichen Kleinigkeiten bis zum großen Lebensplan, läßt sich auf Bedürfnisse zurückführen, und diese, ob berechtigt oder nicht, erzeugen eine Antriebskraft, denn sie wollen befriedigt werden.

Wir aktivieren unseren Willen, um ein Ziel zu erreichen. Gelingt uns das, sind wir zufrieden, befriedigt. Der Weg dorthin wird aber oft durch äußere Gegebenheiten und Hindernisse erschwert und ringt uns einige Anstrengungen ab. Zusätzlich gibt es auch noch andere Menschen, die sich zwischen uns und unser Ziel stellen können. Sie behindern uns, nehmen uns etwas weg oder zwingen uns, etwas anderes zu tun, als wir ursprünglich wollten. Dann befinden wir uns in einem Interessenskonflikt. Die einzige Möglichkeit, die Befriedigung unserer Bedürfnisse trotz Widerstandes weiter zu betreiben, ist dann der Einsatz von Macht.

An dieser Stelle könnte man einwenden. „Das kann man doch ausdiskutieren", „da muß man eben argumentieren und überzeugen", „das kann man doch friedlich regeln". Ja, das kann man selbstverständlich tun – doch jede dieser Regelungen ist bereits eine Form der Machtausübung. Diese kann ja auch friedlich ablaufen und hat nicht von vornherein mit Kampf zu tun. Der Kampf ist erst das letzte Mittel, das zum Einsatz gebracht werden kann. Diese Betrachtungsweise ist für viele ungewohnt, denn Macht wird häufig ganz automatisch als Machtkampf verstanden, und so übersieht man ihre konstruktive Seite.

Der machtfreie Raum

Stellen wir uns folgende Situation vor: Jemand möchte ins Kino gehen und einen neuen Film ansehen. Der Partner meint dazu: „Ja fein, den Film möchte ich mir auch unbedingt ansehen." In diesem Fall gibt es ein Wollen, aber keinen Widerstand. Einer will ins Kino gehen, er teilt seinen Wunsch mit, der andere ist einverstanden, und Macht kommt nicht ins Spiel. Situationen, in denen

Macht kein Thema ist, wo alles läuft „wie geschmiert“, sind *„machtfreie Räume“*. Die meisten Menschen sehnen sich nach diesem Zustand, so stellen sie sich das Paradies vor.

Der *machtfreie Raum* ist keineswegs ein Dauerzustand oder eine stabile Situation. Wenn der Partner auf die Frage nach dem gemeinsamen Kinobesuch erwidert: „Nein, heute bin ich so müde, daß ich auf keinen Fall mehr aus dem Haus gehen will. Ich schaue mir einen Film im Fernsehen an“, dann stellt sich die Frage: Gehen die beiden doch ins Kino, geht einer allein ins Kino oder bleiben sie zu Hause vor dem Fernseher? Das Resultat ist auf jeden Fall das Ergebnis einer Auseinandersetzung, bei der in irgendeiner Form Macht im Spiel war.

Nehmen wir nun an, zwei Bürgermeister schlagen ein gemeinsames Sommerfest vor, und beide Gemeindevertretungen finden die Idee so vielversprechend, daß sie einstimmig dafür sind. In diesem Fall ist es gerade noch vorstellbar, daß ein *machtfreier Raum* entsteht. Doch denken wir weiter auf der Ebene der Politik oder der Wirtschaft, so sehen wir, daß der *machtfreie Raum* um so unwahrscheinlicher wird, je komplexer ein Interessensystem ist.

Mancher wird vielleicht behaupten: „In meiner Partnerschaft, in meiner Abteilung oder in meinem Verein gibt es keine Machtspiele.“ Doch auch das sind keine *machtfreien Räume* auf Dauer, denn bei genauerer Betrachtung können wir feststellen, daß nach kurzen harmonischen Phasen nicht mehr alle Beteiligten einer Meinung sind. Dann müssen wieder Machtfragen geklärt werden. Wir sollten uns also keiner falschen Hoffnung hingeben, denn immer, wenn man etwas erreichen will, und es legt sich jemand quer, wird die Situation zum Konflikt und damit zur Machtfrage.

Wird der *machtfreie Raum* plötzlich wieder zu einem Raum der Macht, so muß dieser Prozeß keineswegs auf einen dramatischen Streit oder eine endlose Grundsatzdiskussion hinauslaufen. Die Frage kann unter Umständen in einer zivilisierten Debatte geklärt werden oder durch das Heben einer Augenbraue. Jedenfalls sind die meisten Menschen traurig und enttäuscht, wenn eine harmonische Phase zu Ende geht und unterschiedliche Interessen auftreten. Würden wir jedoch mit der Macht besser umgehen können, wären wir auch in der Lage, diesen Wechsel zwischen *machtfreien Räumen* und Machtausübung bewußter zu gestalten.

Der machtfreie Raum
ist eine zeitlich begrenzte Situation,
in der einem Willen
kein Widerstand entgegengesetzt wird.

Interessenskonflikte

Nachdem wir die Frage beantwortet haben, worauf wir unseren Willen richten, was also unsere Ziel sind, sollten wir auch klären, welche Arten von Interessenskonflikten entstehen könnten, wie der Widerstand beschaffen sein könnte. Für unser Gewissen, unsere ethische Instanz, macht es einen entscheidenden Unterschied, ob wir zum Beispiel einen Konkurrenten besiegen oder ob wir einen „rechtmäßigen“ Eigentümer verdrängen wollen, ob unser Sieg zu einer Trennung führen könnte oder ob wir selbst der Widersacher sind. Klarheit über die Art eines Interessenskonfliktes gibt einerseits Aufschluß über Motive und Strategien des Gegners, andererseits dient es der Orientierung im eigenen Wertesystem.

Konkurrenz

In einer Konkurrenzsituation wollen zwei oder mehrere Personen etwas, das noch niemandem gehört. Zwei Frauen wollen denselben (ungebundenen!) Mann, zwei Produkte, die neu auf den Markt kommen, sollen dieselbe Zielgruppe erreichen, oder mehrere Headhunter wollen denselben Spezialisten für eine Position gewinnen. Sportler kämpfen um die Goldmedaille, Kleinkinder in der Sandkiste wollen in derselben Grube graben – immer handelt es sich dabei um eine Konkurrenzsituation. Es gibt also ein einziges Objekt der Begierde und zwei, A und B (oder auch mehrere), die es begehren. Wer das begehrte Objekt (O) bekommt, hat die Konkurrenz gewonnen.

Konkurrenz

(A) ↘
O
(B) ↗

Begehrlichkeit oder Absicherung

Jemand möchte etwas, das bereits jemand anderem gehört. Zum Beispiel möchte Politiker A die Wählerstimmen von Politiker B, oder Mann A möchte die Frau von Mann B. Wenn etwa Firma A die Kunden von Firma B haben möchte, kommt es zum Verdrängungskampf. In diesem Fall muß A Angriffsstrategien entwickeln und B muß zu Strategien der Verteidigung greifen oder das Feld räumen. Dabei gelten andere Gesetzmäßigkeiten und vor allem auch andere Werte als bei der Konkurrenzsituation. Dort ist das begehrte Objekt „frei“ und beide Bewerber wollen es für sich. Hier soll aber ein Objekt erobert werden, das bereits jemand anderem gehört.

Begehrlichkeit oder Absicherung

(A) → (O/B)

Dissens

In diesem Fall sind zwei (oder mehrere) Personen miteinander durch ein gemeinsames Ziel verbunden, doch plötzlich will jeder etwas anderes. Es will etwa ein Ehepartner nach Italien auf Urlaub fahren und der andere nach Irland. In einer Firma will einer der Geschäftspartner eine Auslandsfiliale eröffnen, der andere möchte lieber Einsparungsmaßnahmen durchsetzen. Wurde bisher gemeinsam an einem Strang gezogen, wollen A und B nun etwas gänzlich Verschiedenes, sie wenden sich unterschiedlichen Objekten der Begierde zu, ein Interessenskonflikt entsteht. In dieser Situation ist die Verbindung zwischen A und B gefährdet, und wenn einer nun alleine seinen Willen gegen den Widerstand des anderen durchsetzt, kommt es zur Trennung oder zur Unterwerfung.

Dissens

O ← (A/B) → O

Innere Konflikte

Interessenskonflikte gibt es jedoch auch innerhalb einer Person. Hier geht es um die Macht über sich selbst. A und B können also auch gewissermaßen in einer einzigen Person existieren und durchaus unterschiedliche Interessen verfolgen – frei nach dem Spruch von Nestroy: „Wer g'winnt, i' oder i'?“ Wenn zum Beispiel ein Teil in uns mit dem Rauchen aufhören möchte, weil es ungesund ist, der andere Teil aber rauchen möchte, weil es Genuß bedeutet, kommt es zu einem inneren Konflikt. Oft stellen wir uns dann die berechtigte Frage, wer eigentlich die Macht über das eigene Verhalten hat. Warum rauchen wir, wenn wir es doch eigentlich nicht wollen? Für diese inneren Machtkämpfe gelten die selben Durchsetzungs- und Abwehrstrategien wie für Auseinandersetzungen mit der Außenwelt.

Die Legitimation der Macht

Macht haben heißt, sich im Falle eines Widerstandes durchsetzen zu können. Soll diese Macht jedoch zum Einsatz kommen, braucht man dafür stets eine Legitimation, eine Berechtigung. Diese kann von außen kommen, zum Beispiel für den Polizisten, die Richterin, den Politiker durch das verliehene Amt, und/oder sie muß von innen kommen, durch das eigene Wertesystem, das Gewissen.

Ein Amt, das Macht verleiht, legitimiert diese auch automatisch. Wird die Ausübung der Macht jedoch auf längere Zeit nicht durch die eigene Ethik unterstützt, so entsteht ein Gewissenskonflikt. Dieser reduziert die Effizienz, führt mitunter sogar zur Aufgabe des Amtes, oder belastet auf längere Sicht den Amtsinhaber bis hin zur Selbstzerstörung. Der Wehrdienstverweigerer, der die legitimierte Macht zu töten nicht ausüben will, riskiert eher sein eigenes Leben. Eine Managerin, die ihre langjährigen Mitarbeiter nicht entlassen kann, setzt dadurch ihre Karriere aufs Spiel. Ein Firmenchef, der aus wirtschaftlichen Zwängen in dunkle Geschäfte einsteigt, setzt seinem Leben ein Ende, weil er seine Schuldgefühle nicht bewältigen kann.

Überall dort, wo es keine äußere Legitimation für den Einsatz von Macht gibt, ist der Mensch auf sich allein angewiesen. Er muß dann aufgrund seines eigenen Gewissens entscheiden, wie er sein Handeln legitimiert. Will man sich also erfolgreich durchsetzen oder verteidigen, muß man sich selbst dafür die Erlaubnis geben. Dazu sind Klarheit über den Zweck des Handelns und ein Wertesystem, an dem man sich orientieren kann, nötig.

Mit der *Legitimation* ist auch der Begriff der *Verantwortung* verbunden. „Verantwortung übernehmen" wird im Alltag oft vereinfachend gebraucht, im Sinne von „eine Aufgabe übernehmen". Doch wird die Aufgabe gemeinsam mit der Macht übernommen, dann bedeutet Verantwortung, daß die Art der Machtausübung oder Nichtausübung vor sich selbst und anderen vertreten und erklärt werden muß. Obwohl viele Menschen Macht und Verantwortung gleichsetzen, existieren diese Begriffe durchaus auch unabhängig voneinander. Menschen können Macht ohne Verantwortung haben, dann umgehen sie die Frage der Legitimation. Manche glauben Verantwortung ohne Macht zu haben, dann erliegen sie einer Fehleinschätzung des Machtbegriffes.

Obwohl es oft so aussieht, als würde sich das Machtstreben verselbständigen, weil man mit den Mitteln der Macht immer noch mehr Macht erwerben kann, bleibt Macht doch immer nur ein Mittel, um ein Ziel gegen einen Widerstand zu erreichen. Natürlich ist ihre Akkumulation für viele Menschen erstrebenswert, doch der ursprüngliche

Zweck läßt sich immer ausfindig machen, und nur der ist entscheidend für die Bewertung der Legitimation. Wenn Mächtige ihre Macht erhalten und vermehren wollen, dann gibt es dafür immer einen guten Grund. Die Frage muß also lauten: Wozu braucht jemand Macht? Welche Interessen verfolgt er mit dem Einsatz von Macht?

> *Die Legitimation der Machtausübung erfolgt durch eine äußere Instanz der Gesellschaft und/oder durch das individuelle Wertesystem. Verantwortung ist der Nachweis der Legitimation.*

Anregungen zur Selbstreflexion

1. Was ist Macht?
   Zur Präzisierung Ihrer eigenen Meinung zum Machtthema stellen Sie sich vor, Sie müßten in einer halben Stunde im Fernsehen bei einer Diskussion auftreten. Bereiten Sie ein Statement vor, in dem Sie mit Ihren eigenen Worten beschreiben, was Sie unter Macht verstehen.

---

2. Der Ursprung der Macht
   Hier finden Sie eine Aufstellung von Bedürfnissen als Arbeitsgrundlage für die nächste Übung.

Bedürfnisse

Körper
- *Fortpflanzung: Sex/„Brutpflege“*
- *Nahrung: besorgen/zubereiten*
- *Behausung: errichten/instandhalten/pflegen*
- *Kleidung: Rohstoffe besorgen/herstellen/pflegen*
- *Gesundheit: heilen/Körperpflege*
- *Schutz vor Feinden: vorsorgen/verteidigen*

Psyche
- *Zuwendung/Liebe: Wärme, Nähe, Vertrauen, Respekt, Erotik*
- *Abgrenzung/Kampf: Durchsetzung, Verteidigung, Rangordnung*
- *Sicherheit: Bekanntheit, Kontinuität, Berechenbarkeit,*
- *Veränderung: Neugier, Herausforderung, Risiko, Abenteuer*
- *Erkenntnis: Forschung, Wissen, Können*
- *Selbstverwirklichung: Berufung, Lebensaufgabe*
- *Transzendenz: Bewußtsein, Vision, Glaube, Weiterleben nach dem Tod, Einheit, Ganzheit*

Stellen Sie fest, welche Ihrer Bedürfnisse grundsätzlich befriedigt sind und welche zur Zeit zu wenig oder gar nicht abgedeckt sind.

---

3. Der machtfreie Raum
Überlegen Sie, in welchen Beziehungen Sie *machtfreie Räume* erleben. Wo gibt es viele gemeinsame Interessen und wenig Anlaß, sich abzugrenzen oder durchzusetzen?

---

4. Die Legitimation der Macht
   - In welchen Lebensbereichen sind Sie zur Machtausübung von außen legitimiert, zum Beispiel durch Ämter oder Funktionen?

- In welchen Situationen würden Sie sich ganz persönlich die Legitimation zur Machtausübung erteilen, eventuell auch gegen gesetzliche Vorschriften oder gängige Moralvorstellungen?
- Wie würden Sie diese Entscheidung vor einem Gericht oder vor der Öffentlichkeit verantworten?

---

5. Interessenskonflikte
   - Können Sie ein angestrebtes Ziel weiterverfolgen, auch wenn Sie bemerken, daß noch jemand anderer es anpeilt? Wo sind Ihre ethischen Grenzen in einem Konkurrenzkampf?
   - Können Sie Ihr Machtpotential aktivieren, um jemand anderem etwas abzujagen? Wo sind Ihre ethischen Grenzen in einem Verdrängungswettkampf?
   - Können Sie Ihr Machtpotential aktivieren, um sich zu verteidigen, wenn Ihnen jemand anderer etwas wegnehmen möchte? Wo sind Ihre ethischen Grenzen in einem Verteidigungskampf?
   - Unter welchen Umständen würden Sie den Zusammenhalt eines Systems (Ehe, Firma, Verein, Gruppe u. ä.) gefährden, um Ihre eigenen Interessen durchzusetzen? Wo ist Ihre ethische Grenze in einem Spannungsfeld zwischen Individuum und Gemeinschaft?
   - Welche „Teile“ Ihrer Persönlichkeit haben Macht über andere „Teile“ (Süchte wie Rauchen oder Essen, obwohl man es nicht will, ungewollte Gefühlsausbrüche wie Eifersucht, Jähzorn oder Verzweiflung). Wo ist Ihre ethische Grenze in der Disziplinierung Ihrer eigenen Person?

---

2. Kapitel
Die acht Quellen der Macht

Bei genauerer Betrachtung des Machtthemas erkennt man sehr bald, daß es nicht sinnvoll ist, die Macht der Behörden und die Macht der Mütter, die Macht der Wähler und die Macht der Weltbank unter einem Begriff abzuhandeln. Es fehlen uns die Worte für all die unterschiedlichen Situationen und Gegebenheiten, wir reden immer nur von „Macht".

Wenn wir herausfinden wollen, wer Macht hat und wer nicht, oder welche Durchsetzungsstrategien wir einsetzen können, müssen wir zuerst verstehen, aus welcher Quelle die Macht kommt. Denn so wie die Liebe Zusatzbezeichnungen für ihre Formen braucht – von der Mutterliebe über die erotische Liebe bis zur Nächstenliebe –, müssen wir auch das Geschehen im Bereich der Macht mit mehreren Begriffen beschreiben. Erst dann können wir es verstehen und ordnen sowie neue Verhaltensweisen entwickeln.

Differenziert man den Machtbegriff, so lassen sich acht Quellen der Macht aufzeigen, von denen jede ihre eigenen Gesetzmäßigkeiten und Insignien hat.

1. Die Macht der Materie

Nach dem Gesetz des Dschungels, der Straße, des „Wilden Westens" zählt in erster Linie die körperliche Stärke. Wer einen anderen durch Muskelkraft bezwingen kann, liegt in der Rangordnung vorne – der physisch Stärkere setzt sich durch. Tarzan schlägt sich auf die Brust und stößt seinen Kampfschrei aus, auf dem Schulhof raufen Buben um einen Platz in der „Hackordnung“, in Sagen und Mythen werden Helden für ihre Körperkraft bewundert.

Im Laufe der Entwicklung der Gesellschaften erweiterte sich die Macht der Materie von der bloßen Muskelkraft auf Werkzeuge und Waffen. Mit diesen Hilfsmitteln kann theoretisch nun jeder oder jede physische Überlegenheit erlangen. Die Macht ist damit nicht mehr allein an die biologischen Gegebenheiten der körperlichen Stärke geknüpft und kann unabhängig davon eingesetzt werden.

Zusätzlich zum Einsatz der Körperkraft wurde mit der Zeit auch die bloße Verfügung über Land und Produktionsmittel zum Machtfaktor. Besitz in jeder Form ermöglicht die Durchsetzung von Interessen, was vor allem für seine Abstraktion gilt – das Geld. Im Volksmund weisen Redewendungen auf diesen Umstand hin: „Wer zahlt, schafft an“, „Wessen Brot ich esse, dessen Lied ich singe“, und Friedrich Nietzsche meint: „Geld ist das Brecheisen der Macht.“ Schmiergeld, Bestechungsgeld, Schweigegeld, Bußgeld – money makes the world go round. Viele Menschen betrachten Geld als „das“ Machtmittel schlechthin, sie lassen sich davon einschüchtern – und übersehen dabei oft die anderen Quellen der Macht.

Neben der Macht, die sich aus der Überlegenheit durch Muskelkraft ableitet, existiert noch ein weiterer Bereich, der auf körperlichen Möglichkeiten beruht: die Fähigkeit, Kinder zu gebären und zu ernähren. Kinder wurden und werden immer noch als Machtmittel eingesetzt – sei es um die Arbeitskraft der Familie, des Stammes zu vermehren, sei es, um der eigenen Bevölkerungsgruppe mehr Gewicht zu verleihen, oder um im Alter versorgt zu sein. Während die

Zeugungsfähigkeit des Mannes automatisch mit seiner körperlichen Stärke gleichgesetzt wird, fällt der gesamte übrige Bereich der Reproduktion den Frauen zu. Dieser Aspekt wird oft übersehen, er spielt sich eher im Verborgenen ab und eröffnet erst auf den zweiten Blick sein Machtpotential.

Es liegt auf der Hand, daß sich hier bereits einiges über die Verteilung der Macht zwischen Männern und Frauen sagen ließe. Doch mit diesen Überlegungen werden wir uns in einem späteren Kapitel beschäftigen.

Die Macht der Materie verfügt über eindrucksvolle Möglichkeiten, um sich darzustellen: Als Insignien kann man Muskelpakete oder die Kinderschar präsentieren, Waffen sichtbar tragen, Militärparaden abhalten, Luxus und Pomp zur Schau stellen.

Macht der Materie:
Körperkraft, Waffen, Besitz, Geld, Reproduktionskraft

2. Die Macht der Herkunft

Eltern geben ihr eigenes Ansehen an die nächste Generation weiter. Diese bekommt dadurch „Vorschußlorbeeren“ und damit einen automatischen oder zumindest einen leichteren Zugang zu wichtigen Aufgaben. Kinder können Ruhm und Ehre beinahe ebenso automatisch erben wie Geld oder Besitztümer. Was sich hier manifestiert, ist die Macht der Ahnen, der Urväter oder Urmütter. Je mächtiger diese sind, desto mehr Potential übertragen sie auf ihre Nachfahren. Vom Glanz vergangener Generationen oder eines großen Namens läßt sich auch dann noch zehren, wenn sich die aktuelle Situation von der früheren schon weit entfernt hat. Nachkommen aus einst berühmten Adelsgeschlechtern, Kinder von Schauspielern oder Wissenschaftern sind ausgestattet mit der Macht der Herkunft. Ob sie diese nützen oder nicht, steht wie auch bei allen anderen Quellen der Macht auf einem anderen Blatt.

Doch nicht nur die individuelle Familie bestimmt die Macht der Herkunft. Es ist auch von Bedeutung, welches Ansehen eine Sippe, ein Stamm, ein Volk unter den Bewohnern der Nachbarschaft hat. Auch diese Herkunft färbt auf die Macht des einzelnen ab. Wie sich beispielsweise für Migranten das Leben im fremden Land gestaltet, wie gut sie ihre Interessen vertreten können, ist nicht zuletzt auch von ihrer Herkunft abhängig. Ein Schweizer wird sich gegenüber dem Wohnungsmakler oder dem Personalchef in Mitteleuropa meist besser durchsetzen können als ein Schwarzafrikaner – selbst wenn die beiden Personen im eigenen Land den gleichen Bildungsgrad und sozialen Status besitzen.

Die Macht der Herkunft spielt in unserer Gesellschaft eine bedeutende Rolle, wenn auch nicht offiziell. Die Regenbogenpresse trägt das ihre dazu bei, um klingende Namen mit Macht zu versehen, und manche Persönlichkeit will nicht wahrhaben, daß ein Gutteil ihres Erfolges auf ihrem Namen beruht und nicht allein auf ihrer persönlichen Leistung.

Zu den Insignien der Macht der Herkunft zählen klingende Namen, Siegelringe und Ahnenbilder, Erbstücke und Adelstitel. Darüber hinaus wird sie durch Reisepässe, Fahnen oder Nationalhymnen repräsentiert.

Macht der Herkunft:
Familie, Ahnen, Volk, Nation

3. Die Macht der Mehrheit

Verfügen gesellschaftliche Gruppierungen weder über die Macht der Materie noch über die Macht der Herkunft, so bietet sich ihnen eine andere Machtquelle an: „Ihr seid zwar stärker, aber wir sind mehr." Die Macht der Mehrheit folgt besonderen Regeln: Der Zusammenhalt durch gemeinsame Interessen und Ideale bündelt die Kräfte und erzeugt Stärke nach außen. Mehrheitsbildung ermöglicht den Zugriff auf Machtquellen, die dem einzelnen allein nicht zugänglich wären. Die Gruppe bietet ihren Mitgliedern Unterstützung und Sicherheit gegenüber einem „Außenfeind". Diesen benötigt sie auch, um ihre Existenz zu definieren oder zu festigen. Vom Sklavenaufstand unter Spartakus über die bürgerlichen Revolutionen bis zur Arbeiterbewegung manifestiert sich die Macht der Mehrheit unter dem Motto: „Gemeinsam sind wir stark!"

Es ist jedoch nicht die Anzahl, die eine Menge mächtig macht. Damit sie ihre Macht generieren kann, braucht sie einen Fokus, einen Kristallisationskern, durch den sie sich bestimmt. Erst dadurch kann sie die Tatsache der zahlenmäßigen Überlegenheit nutzen. So sind die Frauen auf der ganzen Welt den Männern zwar zahlenmäßig überlegen. Da sie sich aber nur zaghaft zu einem gemeinsamen Ziel bekennen, können sie sich nicht als Mehrheit definieren und diese Macht nur sehr begrenzt einsetzen.

Eine Mehrheit muß sich also formieren und organisieren, um mächtig zu werden. Der Anlaß dazu kann, wie bei Massenphänomenen zu beobachten ist, unbedeutend sein: Eine falsche Entscheidung des Schiedsrichters beim Fußballmatch kann einer Menge ein Ziel geben und sie in Aktion setzen. Oder es können tiefgreifende neue Gedanken und Erkenntnisse sein. Wenn sich dann Mehrheiten um diesen Kristallisationskern bilden, können auch große, sich in Sicherheit wähnende Machtgebilde gestürzt werden.

Demokratische Systeme sind auf der Macht der Mehrheit aufgebaut. In diesen Wertesystemen gilt die Macht der Mehrheit als „die einzig wahre Macht", die öffentlich gebraucht und eingesetzt werden darf. Dadurch kann leicht der Blick dafür verloren gehen, daß auch andere Machtquellen weiter aktiv sind.

Zu den Insignien der Macht der Mehrheit zählen Symbole der Zugehörigkeit wie Abzeichen oder besondere Kennzeichen der Kleidung, Grußformen und Parolen aber auch Demonstrationen und Abstimmungsergebnisse.

Macht der Mehrheit:
Parteien, Bündnisse, Initiativen, Gemeinschaften

4. Die Macht des Wissens

„Wissen ist Macht" – mit dieser Verheißung wurden schon Generationen von lernunwilligen Schülern zur Leistung angetrieben und vielen, die nicht auf Geld und Status pochen können, dient sie als Zuflucht.

Zur Macht des Wissens zählen die Verfügbarkeit von Informationen und Statistiken, Erkenntnisse und Allgemeinbildung, praktische Erfahrungen und Fertigkeiten. Strategisches Denken, Zielorientierung, Vernunft und Sachverstand ergänzen das Potential auf der Ebene der Persönlichkeit. Der Streber in der Schulklasse, der Wissenschafter, der Spion, die Chef-Sekretärin, die Spezialistin im Krankenhaus – sie alle bedienen sich der Macht des Wissens.

In früheren Zeiten war der Zugang zum Wissen streng kontrolliert. „Wissenschaft" konnte nur im Rahmen mächtiger Institutionen wie der Kirche oder an Fürstenhöfen betrieben werden. Es war gefährlich, zuviel zu wissen, denn die Forscher konnte leicht ein Schicksal wie jenes von Galileo Galilei ereilen. Daneben gab es im Alltagsleben ein breites Wissen über die Wirkungsweisen der Natur, wie zum Beispiel über Wetter oder Heilpflanzen. Doch vor allem Frauen, die darüber Bescheid wußten, liefen im Mittelalter Gefahr, als Hexen verurteilt zu werden.

In unserer Informationsgesellschaft gewinnt die Macht des Wissens zunehmend an Freiheit. Heute kann auch der einzelne davon Gebrauch machen, um ein Unternehmen zu gründen, Karriere zu machen oder ein Buch zu schreiben. Die Macht des Wissens wirkt in unserer Kultur angemessener als zum Beispiel rohe Körperkraft, und sie wird im allgemeinen auch positiver bewertet.

Ihre Insignien sind akademische Titel und Würden, Nobel- und andere Preise, Listen von Veröffentlichungen und Ehrungen.

Macht des Wissens:
Information, Bildung, Erfahrung, Planung

5. Die Macht der Gefühle

Menschen sind besonders leicht über ihre Gefühle zu steuern, denn diese sind die Schwachstelle im Panzer der Macht. Wenn man jemanden an seiner Sehnsucht, seiner Loyalität, seiner Gier, seiner Angst, seiner Eitelkeit oder seinem Stolz packen kann, wird er steuerbar. Deshalb war in vielen Kulturen die Ausbildung zukünftiger Machthaber stark auf Disziplin und auf die Beherrschung der eigenen Gefühle ausgerichtet. Eine Kaiserin, ein Feldherr oder ein kirchlicher Würdenträger sollten lernen, ihre persönlichen Gefühle zu meistern, um selbst weniger verführbar zu sein und zugleich die Gefühle der Untergebenen besser nutzen zu können.

Hehre und schöne Gefühle wie Liebe, Geborgenheit, Anerkennung oder Freude eignen sich ebenso als Quelle der Macht wie negative Gefühle – etwa Zorn, Verzweiflung, Angst oder Eifersucht. Im Privatleben wird die Macht der Gefühle beispielsweise durch Liebesentzug, Beleidigtsein, Wutausbrüche oder Weinkrämpfe eingesetzt – Szenen einer Ehe. „Wenn du mich liebst, dann hilfst du mir jetzt." „Du liebst mich nicht, denn sonst würdest du das tun." Jammern, klagen, Vorwürfe machen, hilflos sein, sich als schwach darstellen sind gängige Methoden der Machtausübung, ebenso wie Verführung oder das Ausnützen von Sehnsüchten und sexuellen Abhängigkeiten.

Was von manchen psychotherapeutischen Schulen als authentisches Verhalten bezeichnet und besonders den Frauen als emotionale Stärke zugeschrieben wird, ist mitunter nichts anderes als der Einsatz von Macht. Die Macht der Gefühle wird oft nicht als solche erlebt und bezeichnet, da sie eher im Verborgenen wirkt. Viele Menschen, die andere über ihre Emotionen beeinflussen, sind sich ihrer Macht nicht bewußt, ja oft empfinden sie sich selbst als schwach oder gar ohnmächtig. Andere wiederum spielen ganz besonders trickreich auf dem „Gefühlsklavier“, würden es jedoch nie offen zugeben. Sexualität, intime Beziehungen oder Angst als Machtmittel einzusetzen, gilt als unmoralisch – daher geschieht es heimlich. Durch diese Verschleierung fällt es den Betroffenen besonders schwer, die Macht der Gefühle als Machtausübung zu erkennen und sich dagegen zu wehren.

Auch im Berufsleben, in Organisationen und Unternehmen wird mit der Macht der Gefühle gearbeitet: im negativen Sinn in der Form von Tadel, unsachlichen Angriffen, Demütigungen und Abwertungen, im positiven Sinn in der Form von Lob, Zuwendung, Vertrauensbeweisen. Da wird an das Mitleid appelliert, an die Loyalität oder an das Ehrgefühl, es wird Angst mobilisiert oder Scham. Die meisten Menschen lassen sich auch im Berufsleben über ihren Gefühlsbereich leicht manipulieren und beherrschen. Selbstverständlich nutzt auch die Werbung tagtäglich diese Strategien, und haben auch politische Parteien diese subtile Formen der Beeinflussung für sich entdeckt: „Spin doctoring“, Motivforschung und Verhaltensanalysen zeigen auf, wie man Menschen über ihre Gefühle erreichen kann.

Auch die Macht der Gefühle verfügt über Insignien. Der Ehering zeigt, daß die Liebe gebunden ist, Hilfsmittel für die Zurschaustellung sexueller Reize wie auffälliges Make up, Minirock oder Dekolleté signalisieren, daß man bereit ist, diese Karte zu spielen.

Macht der Gefühle:
die Nutzung des gesamten Spektrums
der positiven und negativen Emotionen

6. Die Macht der Funktion

Die Macht der Funktion ist in unserer Gesellschaft jene Form, die wir gemeinhin mit „Macht“ bezeichnen. Sie betrifft Politiker, Manager, Beamte, Priester, Lehrer, Polizisten, Richter, Vorarbeiter und -innen, also jeden und jede, der/die aufgrund der Bestellung dazu befugt ist, Anordnungen zu treffen. Sobald sich eine Gemeinschaft organisiert, entstehen auch Funktionen. Das bedeutet, daß die Macht nicht mehr an bestimmte Personen gebunden ist: die Funktion bleibt, die Person ist austauschbar.

Funktionen werden von der Organisation im allgemeinen auf eine bestimmte Dauer verliehen und können auch wieder entzogen werden, ihr Wirkungsbereich ist genau definiert. Sie sind immer in Hierarchien angeordnet, und es existiert stets eine Verflechtung innerhalb und außerhalb der Organisationen. Dieses Beziehungsgefüge enthält subtile Über- und Unterordnungen, die im Machtspiel genau beachtet werden müssen. Auch wenn das heutzutage nicht so gerne gezeigt wird, und moderne Organisationen von „flachen Hierarchien“ sprechen, so sind doch immer Rangordnungen erkennbar. Der „Primus inter pares“ ist nur solange „gleich“, bis er einen Mitarbeiter beurteilen oder entlassen muß – dann wird sein getarntes Machtpotential schlagend.

Der Träger einer Funktion wird zwar von der Organisation mit Macht ausgestattet, beginnt jedoch im allgemeinen bald seine eigene Persönlichkeit mit dieser Macht zu identifizieren. Anstatt zu sagen: „Ich in meiner Funktion als Chef kann diese Entscheidung treffen und trage auch die Verantwortung dafür“, leben viele Funktionsträger im Glauben an eine persönliche Macht unter dem Motto: „Weil ich es so will, deswegen macht ihr das jetzt so.“ Die Vermischung von Funktionsmacht und Person kann zu dramatischen Einbrüchen der Persönlichkeit führen: wenn etwa der Generaldirektor die Macht seiner Funktion verliert, weil er in Pension geht, oder wenn der Journalist nicht mehr beim größten Fernsehsender arbeitet, sondern bei einer kleinen Jugendzeitung. Genügte früher die Nennung seines Namens in Verbindung mit seiner Funktion, um etwas zu erreichen, bleiben ihm nun die Türen verschlossen. Viele Menschen, die diese Form der Macht erlebt haben und sie dann abgeben mußten, können sich nur schwer davon verabschieden. Daher versuchen manche aus der Macht der Funktion eine Macht der Herkunft zu machen und legen sich beispielsweise Visitenkarten zu, die sie als Minister a. D. (außer Dienst), General a. D., Direktorin a. D. ausweisen.

Dargestellt wird die Macht der Funktion durch Amtsbezeichnungen, Dienstgrade, Titel, Uniformen, Berufskleidung, Türschilder, Dienstwagen.

Macht der Funktion:
Ämter, Befugnisse, Aufgaben, Rollen

7. Die Macht der Kontakte

Man muß jemanden kennen, wenn man etwas erreichen will, oder man kennt jemanden, der jemanden kennt: Vertraute, Informanten, Netzwerke, Seilschaften, Clubs, Bünde, Vereine, Logen. Ganze Generationen von mächtigen Männern kommen aus einem „Old Boys Club“ und helfen einander weiter. Wenn man mit jemandem studiert hat, der heute Konzernchef ist, kann man ihn leichter anrufen und um einen Gefallen bitten. Doch auch mit einem guten Automechaniker in die Schule gegangen zu sein, bringt Vorteile. Die Macht der Kontakte ist eine Anleihe bei der Macht, die andere haben. Im engeren Sinn handelt es sich um ein Gegengeschäft, denn wer diese Machtform nutzt, muß damit rechnen, daß er in der einen oder anderen Form zur Kasse gebeten wird.

Frauen konnten bis vor kurzem im Berufsleben von der Macht der Kontakte nur wenig Gebrauch machen. Da sie in den vergangenen Jahrhunderten überwiegend in nichtöffentlichen Bereichen tätig waren, war es für sie nicht notwendig, Seilschaften aufzubauen. Erst jetzt beginnen sie, unterstützende Netzwerke zu bilden, und sie haben einen immensen Nachholbedarf am sogenannten „Vitamin B".

Doch auch im Privatleben ist die Macht der Kontakte von Bedeutung: Empfehlungen von bestimmten Personen sind Tickets für den Eintritt in die „besseren Kreise" oder für eine gute Partie. Nachbarn zu haben, die einem weiterhelfen, und Freunde, die man als Informanten nutzen kann, stärken die eigene Macht.

Diese Machtquelle deklariert sich durch dezente Abzeichen der Verbindung, durch Vereinsrituale, geheime Namen und Codeworte.

Macht der Kontakte:
Förderer, Netzwerke, Seilschaften,
Informanten, „Vitamin B"

8. Die Macht der Überzeugung

Die Macht der Überzeugung beruht auf dem, was in einer Gemeinschaft und von einem Individuum als „Wahrheit" betrachtet wird. Ihren Ausdruck findet sie in den Wertesystemen, Normen und Gesetzen einer Gesellschaft, in den Glaubensbekenntnissen der Religionen und in den herrschenden Paradigmen der Wissenschaft. Zudem hat jeder einzelne Mensch seine „Privatreligion" mit ihren eigenen Werten und „letzten Wahrheiten", die für ihn bindend sind. Ob er an die Wissenschaft glaubt oder an den lieben Gott, ob jemand sich am Materialismus orientiert oder am Idealismus – die meisten Menschen halten ihre Überzeugung für die einzig wahre und zweifeln nicht an ihrer absoluten Gültigkeit. Aus diesem Umstand leiten sowohl Ideologien und politische Systeme als auch Individuen immer wieder die Berechtigung ab, andere zu unterdrücken und im Namen der Überzeugung auch Gewalt auszuüben.

Das Wertesystem einer Gesellschaft findet seinen deutlichsten Niederschlag im jeweiligen Rechtssystem. Über Gesetze und deren Kontrolle wirkt die Macht der Überzeugung vom Volk über den Staat wieder auf den einzelnen Bürger zurück. Das „allgemeine Rechtsempfinden" und die ungeschriebenen Gesetze einer Gemeinschaft bilden einen „Rahmen der Macht", den der einzelne nicht verlassen kann, ohne mit Strafe rechnen zu müssen.

Doch auch in der Kommunikation wird die Macht der Überzeugung gerne eingesetzt. In Diskussionen unter Intellektuellen oder Wissenschaftern findet oft ein ebenso plötzlicher wie subtiler Wechsel von der Macht des Wissens, der besseren Argumente oder Informationen zur Macht der Überzeugung statt. Dann werden Behauptungen und Untersuchungsergebnisse so hingestellt, als seien sie durch anerkannte Persönlichkeiten belegt worden. Damit sollen alle anderen Machtmittel übertrumpft werden, denn die „göttliche Ordnung", „Autoritäten" oder die „Naturgesetze" sind für viele die letzte Instanz.

Die Tendenz, gesellschaftliche wie persönliche Überzeugungen in den Status von Wahrheit zu heben, macht es besonders schwer, diese Machtquelle zu hinterfragen und zu durchschauen. Wenn zwei Personen bei dem Bemühen, einen Interessenskonflikt zu lösen, sich in ihren Überzeugungen verstricken, ist ihnen meist nicht mehr klar, daß sie ihre Macht einsetzen. Sie sind der festen Meinung, ganz objektiv im Recht zu sein und können dann nur noch schwer zu einer vernünftigen Lösung finden.

Die Insignien dieser Machtquelle können besonders prunkvoll und auffällig sein. Geistige und weltliche Würdenträger signalisieren durch Kopfschmuck, Schärpen oder Ritualgegenstände, daß sie mit einer „höheren" Macht verbunden sind. Privatpersonen zeigen mit Abzeichen und Schmuckanhängern oft nicht die Zugehörigkeit zu einer Gruppe an, sondern tun damit ihre Überzeugung kund.

Macht der Überzeugung:
Ideologien, Gesetze, Normen, Werte, Glaubenssätze

Machtinstrumente

Aus jeder Machtquelle entspringen konkrete Handlungen, die als Machtmittel in einem Interessenskonflikt eingesetzt werden können. Wäre es da nicht von Vorteil, eine Liste der Machtinstrumente, eine Art Beschaffungsplan anzufertigen? Man könnte sich daran orientieren und mit der Zeit ein Instrumentendepot anlegen. Leider nicht, denn eine solche Liste wäre unendlich lang und würde damit ihren Sinn verlieren. Der Satz aus der Kommunikationswissenschaft: „Man kann nicht nicht kommunizieren“, gilt auch für die Mechanismen der Macht. In einem Interessenskonflikt kann jedes Verhalten als Machtinstrument eingesetzt werden – und dies gilt ebenso für die Unterlassung von Handlungen.

Gibt es Machtmittel, die stärker sind als die anderen, und welche müßte man daher unbedingt erwerben? Die Frage ist naheliegend, doch es gibt kein Rezept, sondern es gilt, komplexe Zusammenhänge zu erkennen. Machtmittel stehen zueinander nicht in einer Rangordnung – es gibt für sich genommen keine besseren oder schlechteren Machtinstrumente, denn sie müssen immer auf den jeweiligen Interessenskonflikt abgestimmt werden.

Die Macht der Gefühle führt manchmal zum Ziel, ein anderes Mal eskaliert der Konflikt. Die Macht der Mehrheit konnte in Revolutionen einmal gewinnen und ein anderes Mal durch Waffengewalt niedergeschlagen werden. Die Macht der Überzeugung kann Menschen jahrhundertelang in ihrem Bann halten, um dann plötzlich durch die Macht des Wissens besiegt zu werden.

Schon im Märchen konnte das kleine „Tapfere Schneiderlein“ den starken Riesen besiegen. Der Riese war sich seiner „Macht der Materie“ so sicher, daß er alle Vorschläge des Schneiderleins akzeptierte. Als es im Wettbewerb nun darum ging, mit der Hand einen Stein zu quetschen, bis Wasser daraus fließe, mußte der Riese passen: sein Stein blieb trocken, während das Tapfere Schneiderlein heimlich den Stein gegen einen Käse getauscht hatte und so mit der „Macht des Wissens" gewinnen konnte. Hätte der Riese allerdings die Taktik durchschaut, wäre das Märchen wohl anders ausgegangen. Auch Scheherezade in dem Märchen 1001 Nacht konnte ihrem vom Sultan beschlossenen Tod entrinnen, weil sie ihm an ihrem letzten Abend eine Geschichte erzählte. Diese gefiel ihm so gut, daß er immer noch eine weitere hören wollte und die Hinrichtung aufschob, bis er Scheherezade schließlich zur Frau nahm. So gewann sie mit der Macht der Gefühle über die Macht der Materie und der Funktion.

Welches Machtmittel das richtige ist, muß in jeder Situation neu entschieden werden. Erst die sorgfältige Auswahl, passend zu allen Umständen und angemessen der Gesamtsituation, erhöht die Chancen auf die erfolgreiche Lösung eines Konfliktes. Profis haben eine Vielzahl von Machtinstrumenten in ihrem Repertoire und zeichnen sich durch die Fähigkeit aus, diese rasch und zielsicher einzusetzen.

Neue Insignien der Macht

Auch der Umgang mit den Insignien der Macht will gelernt sein. Wenn man diese Zeichen lesen kann, helfen sie ganz ausgezeichnet dabei, zu erkennen, aus welchen Quellen die eingesetzte Macht gespeist wird. Dazu muß man jedoch verstehen, daß die Insignien der Macht einem Wandel unterliegen und sich dem jeweiligen Zeitgeist anpassen. Insignien, die in einer früheren Generation noch gegolten haben, sind heute vielleicht schon bedeutungslos. Noch vor hundert Jahren konnte man die „Macht der Materie" einer Familie auch an der Zahl ihrer Diener ablesen. Die Hausangestellten waren an ihren Häubchen und Livreen leicht zu erkennen und galten unter anderem als Zeichen für den Sozialstatus. Heute werden in besten Kreisen „Dienstboten" nur sehr verschämt eingesetzt, man bedient sich lieber eines anonymen Partyservices als eines langgedienten Butlers.

Neben dem historisch bedingten Wandel gilt noch ein weiteres Prinzip: Insignien werden nur dort eingesetzt, wo die Macht offen dargestellt werden soll. Will jemand die Macht aus taktischen Gründen im Verborgenen einsetzen, verzichtet er selbstverständlich auf alle Hinweise. Ein hoher Offizier wird sich mit allen Zeichen seiner Macht dekorieren, wenn er bei einem offiziellen Anlaß auftritt. Wird er jedoch zum Geheimdienst berufen, ist selbst ein grauer Trenchcoat noch zu auffällig. Dieser Grundsatz gilt nicht nur für das Individuum, sondern läßt sich auch auf gesellschaftlicher Ebene beobachten. Wenn eine Machtform insgesamt in den Untergrund „abwandert", wenn sie nicht mehr offen gezeigt werden soll oder darf, dann werden auch ihre Zeichen immer diffuser.

Durch die generelle Tabuisierung der Macht in unserer Zeit sind deren Insignien in vielen Bereichen nahezu ganz verschwunden, sie sind verdeckt und schwer zu entschlüsseln. Waren in öffentlichen Funktionen früher eindeutige Erkennungszeichen von Bedeutung, so können wir heute kaum noch den Briefträger vom Parkwächter und die Ärztin von der Krankenschwester unterscheiden. Kategorien wie Arbeiter und Angestellte – früher nach der Farbe ihrer Hemden auch als Weißkragen- und Blaukragenebene bezeichnet – lösen sich auf. Manager amerikanischer Konzerne geben sich betont jovial, das vorgeschriebene „Firmen-Du-Wort“ besorgt den Rest. Vergeblich würde man nach den alten Insignien der Macht suchen, und man würde sich von der suggerierten Gleichheit und Freundschaft täuschen lassen. Die Machtverhältnisse zeigen sich erst – und das oft sehr plötzlich – wenn ökonomische Entscheidungen zu treffen sind. Aber auch das Tragen von Eheringen, Abzeichen, Orden und Titeln wird immer unmoderner. In Zeiten der Tabuisierung gehört es zum „guten Ton“, die Zeichen der Macht zu verbergen – manchmal auch, um dahinter einen noch größeren Freiraum für ihre Ausübung zu schaffen.

Natürlich laufen diese Verschleierungsprozesse nicht geplant und gleichzeitig ab, und so entstehen „Grauzonen“, wo sich mit dem Schwinden der offiziellen Insignien neue, informelle Zeichen einbürgern: welches Designer-Label man trägt, welche Accessoires die Dame als Insiderin ausweisen, welche Typen und Klassen die Firmenautos haben, in welchem Lokal man speist, wer zum Freundeskreis zählt, wie oft man im Fernsehen zu sehen ist – all das sind neue Insignien der Macht, die fast nur noch von Eingeweihten erkannt werden. Das ist auch mit ein Grund, warum es vielen Menschen heute so schwer fällt, die Spielregeln der Macht zu erkennen und zu erlernen. Schon der Wechsel von einem Unternehmen zu einem anderen kann zu einer undurchschaubaren Degradierung führen, weil man die informellen Insignien nicht erkennt.

Für dieses Kapitel gilt:

> *Acht Quellen der Macht sind zu unterscheiden.*
> *Jede Quelle hat ihre eigenen Insignien.*
> *In einem Interessenskonflikt*
> *wird jedes Verhalten zu einem Mittel der Macht.*
> *Die Machtmittel unterliegen keiner Rangordnung.*

Anregungen zur Selbstreflexion

1. Stellen Sie fest, aus welchen Quellen Sie Ihre Macht beziehen, welche Machtmittel Ihnen vertraut sind und welche Sie routiniert einsetzen.

> ***Die acht Quellen der Macht***
>
> ***Macht der Materie:*** *Körperkraft, Waffen, Besitz, Geld, Reproduktionskraft*
> ***Macht der Herkunft:*** *Familie, Ahnen, Volk, Nation*
> ***Macht der Mehrheit:*** *Parteien, Bündnisse, Initiativen, Gemeinschaften*
> ***Macht des Wissens:*** *Information, Bildung, Erfahrung, Planung*
> ***Macht der Gefühle:*** *die Nutzung des gesamten Spektrums der positiven und negativen Emotionen*
> ***Macht der Funktion:*** *Ämter, Befugnisse, Aufgaben, Rollen*
> ***Macht der Kontakte:*** *Förderer, Netzwerke, Seilschaften, Informanten „Vitamin B"*
> ***Macht der Überzeugung:*** *Ideologien, Gesetze, Normen, Werte, Glaubenssätze*

2. Wenn manche Machtmittel für Sie nicht zur Verfügung stehen, denken Sie darüber nach, warum das so ist.
   - Welche Machtinstrumente wurden in Ihrer Ursprungsfamilie bevorzugt eingesetzt?
   - Welche Bewertungen gab es dort zu den einzelnen Machtmitteln?
   - Welche bewerten Sie selbst jetzt als positiv oder negativ?

---

3. Mit welchen Mitteln der Macht kann man Sie am leichtesten aus der Fassung bringen? Unter welchen Bedingungen reagieren Sie mit Hilflosigkeit?

---

4. Welche Machtinstrumente setzen Ihnen nahestehende Personen bevorzugt ein?

---

5. Analysieren Sie die Machtquellen eines aktuellen Konfliktpartners.

---

6. Wie ist Ihre Einstellung zu den Insignien der Macht?
   - Welche stehen Ihnen selbst zu Verfügung?
   - Welche setzen Sie bewußt für sich ein?

---

7. Welche Insignien können Sie in Ihrer Umgebung wahrnehmen?
   Welche erzielen ihre Wirkung und welche erscheinen Ihnen lächerlich?

8. Welche Handlungen würden Sie niemals in einem Interessenskonflikt als Machtmittel einsetzen?

3. Kapitel
Die Schauplätze der Macht

Nicht nur die Quellen und die Insignien der Macht verlangen eine differenzierte Betrachtung. Machtausübung findet dazu noch an verschiedenen Orten mit jeweils unterschiedlichen Bedingungen statt. Wir wollen sie als *Schauplätze der Macht* bezeichnen. Man braucht für die Erziehung von Kindern andere Machtinstrumente als für eine Auseinandersetzung mit Kollegen, und für die Abwicklung eines Geschäftes andere als bei einem Katastropheneinsatz oder beim Wohltätigkeitsbazar. Die Orte der Macht sind wie Spielbretter – jedes hat seine eigenen Spielregeln. Auf jedem *Schauplatz* existiert ein eigenes Wertesystem, das die optimale Erfüllung seiner Aufgabenstellung unterstützt. Es gibt dem Individuum einen Rahmen vor, der ihm die Orientierung bei seinen Entscheidungen erleichtert.

Meist denken wir an Werte nur im Zusammenhang mit dem einzelnen Menschen oder mit der Gesellschaft und ihren Untergruppen. Die Überlegung, welche Werte auf welchem *Schauplatz* gelten, bringt einen zusätzlichen Aspekt in die Betrachtung des Machtthemas. Wie schon in den vorigen Kapiteln aufgezeigt wurde, ist das gesellschaftliche und das persönliche Wertesystem für die *Legitimation* der Machtausübung zuständig. Das Wertesystem der *Schauplätze* liefert dazu noch die Kriterien zur Auswahl der konkreten Handlungen und Strategien – das sind die Spielregeln der Macht. Während die Legitimation dazu dient, Entscheidungen vor sich selbst und vor der Gesellschaft zu verantworten, ist die Befolgung der Spielregeln eine wesentliche Voraussetzung für den Erfolg einer Machtstrategie.

Die acht Quellen der Macht zeigen unterschiedliche Wirkung, je nach dem, auf welchem *Schauplatz* man sich befindet. Was auf dem einen zielführend und sinnvoll ist, kann auf einem anderen irritierend oder kontraproduktiv wirken. Man kann diese Situation damit vergleichen, wenn jemand auf einem Schachbrett nach den Spielregeln von „Mensch ärgere dich nicht“ spielt. Die Machtmittel lassen sich nicht grundsätzlich bestimmten *Schauplätzen* zuordnen, doch abhängig vom jeweils gültigen Wertesystem eignen sich manche Instrumente an einem Ort besser als andere.

Im folgenden werden die *Schauplätze* durch vier Metaphern verdeutlicht: *das Haus*, *der Markt*, *die Burg* und *der Tempel*.

Das Haus

Zum Schauplatz *Haus* gehören intime Beziehungen wie Ehe, Partnerschaft, Kinder, Eltern, Verwandtschaft und Freundschaft – der persönliche und private Bereich des Menschen. Hier ist Raum für Sexualität, Geburt und Tod, Erziehung, Pflege, Ernährung, Regeneration und Geselligkeit.

In die Erfüllung dieser Aufgaben waren alle Bewohner des *Hauses* eingebunden. Die Mitglieder wurden im Rahmen der Anforderungen ausgebildet und gefördert. Das bedeutet, daß auch Kinder und Alte je nach ihren Möglichkeiten und Fähigkeiten mithalfen, die notwendige Leistung zu erbringen. Kranke und arbeitsunfähige Personen wurden von den leistungsfähigen Individuen soweit wie möglich miterhalten. Alle Mitglieder waren durch einen starken Zusammenhalt miteinander verbunden, denn ihr gemeinsames Ziel war ein essentielles – die Sicherung des Überlebens.

Die Arbeit im *Haus* war zwischen Mann und Frau nach den biologischen Bedingungen der Geschlechter aufgeteilt. Jeder/jede machte das, wofür er und sie von Natur aus besser ausgestattet ist, nicht was ihnen besser gefiel. Die Erhaltung des Gesamtsystems als Überlebensgarantie für den einzelnen verlangte die Rückstellung persönlicher Wünsche hinter das gemeinsame Ziel. Früher hatten die Menschen gar keine andere Wahl, als sich in diese Struktur einzufügen. Jede Abweichung vom notwendigen Ablauf gefährdete das Gesamtsystem und damit auch den einzelnen. Das Individuum hatte nur geringe Möglichkeiten zur Entfaltung, Interessenskonflikte wurden durch starre Normen möglichst gering gehalten und Verstöße gegen das Regelsystem streng geahndet.

Später werden wir sehen, warum der Schauplatz *Haus* heute nur noch über einen Bruchteil seiner ursprünglichen Bedeutung verfügt. Doch die Erfahrungen mit diesem Schauplatz sind in jedem Menschen tief verankert und die emotionellen Bedürfnisse des Menschen sind nach wie vor dieselben und müssen befriedigt werden.

Das Wertesystem am Schauplatz *Haus* ist geprägt von der solidarischen Fürsorge um jedes einzelne Mitglied. Dazu gehören Sensibilität und Rücksichtnahme, Verzicht und Opferbereitschaft. Um die lebensnotwendige Geborgenheit und Intimität zu schaffen, bemüht man sich um Gerechtigkeit und Ehrlichkeit in den persönlichen Beziehungen.

In unserer Kultur wird die Macht im *Haus* sehr stark über persönliche Gefühle ausgetragen – positive wie negative. Bevorzugung oder Liebesentzug, Integration oder Verstoßung, Akzeptanz oder Schuldgefühle, sexuelle Erfüllung oder Verweigerung, Unterstützung oder Unterdrückung – das gesamte Gefühlsspektrum steht zur Verfügung. Auch die Macht der Materie spielt naturgemäß eine große Rolle, weil Kinder und Geld oft die Hauptthemen der Interessenskonflikte sind. Diese Machtbereiche sind auch heute noch weitgehend nach alter „Haustradition" die getrennten Domänen von Männern und Frauen, und an dieser Front spielt sich ein latenter Machtkampf ab.

Das Haus
ist der Ort der intimen Beziehungen,
hier werden Menschen „produziert" und regeneriert,
das Ziel ist: Lebenserhaltung

Der Markt

Der Schauplatz *Markt* ist das Symbol für Produktion und Handel. Es geht hier um Erzeugung, Verteilung und Bewerbung von Produkten, die Entwicklung von Dienstleistungen und im Zusammenhang damit auch um Finanzen und Gewinne. Während im *Haus* die Grundbedürfnisse abgedeckt werden, können auf dem *Markt* die Möglichkeiten der Lebenssicherung ausgeweitet und Zusatzbedürfnisse befriedigt werden. War früher ein Stamm zum Verhungern verurteilt, wenn es eine Mißernte gab, so konnte er auf dem *Markt* vielleicht seine Felle gegen Getreide eintauschen. Ebenso eröffnet der *Markt* neue Chancen, wirksame Heilmittel oder Stoffe für Kleider zu erwerben, sowie Handwerk und Dienstleistungen zu spezialisieren.

Mit diesem Prozeß geht auch eine Veränderung der Einstellung gegenüber den Produkten einher. Diese erfahren durch ihre „Objektivierung“ als Tauschobjekte auf dem *Markt* eine neue Bewertung. Im *Haus* dienen Äpfel aus dem eigenen Obstgarten einfach nur dazu, die Münder zu stopfen, und diesen Zweck erfüllen sie auch, wenn sie sauer sind. Am *Markt* zählt hingegen unabhängig vom ursprünglichen Nutzen ein neues Qualitätskriterium – die „Vermarktbarkeit“. Wenn nämlich die eigenen Äpfel keinen Käufer finden, weil die des Nachbarn besser schmecken, beginnt eine neue Dynamik zu wirken: der Wettbewerb. Damit sind auch neue Fähigkeiten wie Erkennen der Nachfrage, Darstellen des Angebotes und Verhandlungsgeschick gefragt, denn am *Markt* zählt die Leistung – man muß im Konkurrenzkampf bestehen, um möglichst gute Ergebnisse zu erzielen.

In unserer Gesellschaft ist die Aufgabe am Schauplatz *Markt* die Entwicklung, Erzeugung und ständige Verbesserung von Produkten und Dienstleistungen, die Suche nach Abnehmern und das Erzielen von Gewinnen. Um diese Effizienz zu ermöglichen, ist es erforderlich, daß die Solidarität hintangestellt wird. Die am *Markt* beteiligten Menschen sind keine Gemeinschaft, in der jeder für den anderen Sorge zu tragen hat, sondern potentielle Gegner. Jeder muß selber auf seinen Vorteil achten und sich gegen Übergriffe wehren. Kleine Kinder, Kranke und Alte haben am *Markt* kein Betätigungsfeld, es können nicht mehr alle Personen unabhängig von ihrer Leistungsfähigkeit mitspielen – der *Markt* ist der Ort für leistungsfähige Individuen.

Das Wertesystem am Schauplatz *Markt* ist dominiert vom Leistungsprinzip. Wettbewerb und Konkurrenz sind Herausforderungen, denen man sich stellen kann oder muß, denn eine Auslese dient der Steigerung der Qualität. Auf dem *Markt* ist es erlaubt, ja sogar gefordert, auf seinen eigenen Vorteil zu achten, den Nutzen zu maximieren und den Gegner zu übertrumpfen. Dazu braucht man Risikobereitschaft, einen gesunden Egoismus und einen Hang zur Selbstdarstellung. In unserer Zeit kennt der globalisierte Markt beim Austausch von Gütern und Dienstleistungen keine Grenzen mehr.

Die Ausübung der Macht auf dem *Markt* der westlichen Gesellschaften erfolgt zu einem großen Teil über die Macht des Wissens und der Kontakte. Netzwerke, Lobbies, Clubs und Seilschaften werden genützt. Doch auch die Macht der Herkunft, die Abstammung aus einer einflußreichen Familie und natürlich die Macht der Materie in Form von Geld und Besitz finden hier ihre Anwendung. Je komplexer das Wirtschaftssystem ist, umso mehr gewinnt auch die Macht der Funktion an Bedeutung.

> *Der Markt*
> *ist der Ort des Leistungsprinzips,*
> *hier werden Güter produziert und gehandelt,*
> *das Ziel ist: Gewinn*

Die Burg

Die Fähigkeit der Menschen zur direkten Kommunikation mit anderen ist begrenzt. Aus Untersuchungen ist bekannt, daß maximal fünfzig Menschen miteinander eine direkte Gemeinschaft bilden und alle ihre Angelegenheiten allein regeln können. Wenn die Anzahl der

Menschen größer wird, werden ihre Beziehungsgeflechte so komplex, daß entweder Sub-Clans gebildet werden, oder daß sich eine neue Struktur, eine „Metaebene“ entwickelt – die *Burg*.

Der Schauplatz *Burg* hat die Aufgaben, komplexe Gesellschaftssysteme zu strukturieren, die Menschen vor Gewalt innerhalb der Gemeinschaft und vor Feinden zu beschützen sowie bei Katastrophen zu helfen. In der *Burg* werden Gesetze beschlossen, da wird Recht gesprochen und ein Sicherheitsapparat eingerichtet. All das muß auch verwaltet und vor allem finanziert werden. Da die *Burg* selbst keine Güter produziert, muß sie vom *Haus* und vom *Markt* erhalten werden. Dafür werden Steuern eingehoben, die wiederum verwaltet werden müssen.

Im Laufe der Entwicklung wechselten immer mehr Arbeitskräfte aus dem produktiven Sektor ganz in die Verwaltung über, so entstand der Beamtenstand. Andere wurden hauptberuflich zum Schutz der Gemeinschaft eingesetzt, Polizei und Militär entwickelten sich zu eigenen Berufsständen. Der Kreis der Herrschenden war zuständig für die Steuerung und die Repräsentation nach innen und nach außen. Er demonstrierte die Macht, damit die Bürger „in Ruhe“ ihrem Tagwerk nachgehen und ein geregeltes Leben führen konnten.

Die *Burg* muß ihre Existenzberechtigung laufend unter Beweis stellen, denn eine Überdimensionierung kann das gesamte Gemeinschaftsgefüge zum Einsturz bringen. Bestand die *Burg* bei einem Indianerstamm nur aus dem Zelt des Häuptlings und den ältesten Kriegern, nahm sie im Mittelalter wesentlich mehr Raum ein. In unserer Gesellschaft durchlief sie einen ungebrochenen Wachstumsprozeß, der trotz vieler Versuche offensichtlich nicht zu stoppen ist. Dieses Mißverhältnis von öffentlicher Verwaltung und Militär zu den produktiven Kräften ist ein ständiges Diskussionsthema in der Politik.

In vielen Kulturen werden die Alten stark in die Aufgaben der *Burg* eingebunden. Nicht ihre physische Leistungsfähigkeit ist dort gefragt, sondern ihre Lebenserfahrung und ihre Weisheit. Abgesehen davon sind hier wie auch am *Markt* nur die leistungsfähigen Individuen gefragt. Die *Burg* selbst ist ebenso wie der *Markt* keine eigenständige Gemeinschaft, sondern bildet funktionelle Sparten, die jeweils in Konkurrenz zueinander um die Ressourcen kämpfen.

Das Wertesystem am Schauplatz *Burg* ist durchdrungen von dem Wunsch nach Aufrechterhaltung von Sicherheit und Ordnung. Dazu sind klare Strukturen, effiziente Kontrolle, sowie gute Organisation nötig. Gefordert wird auch Loyalität gegenüber dem Gesamtsystem und eine Affinität zum Beschützen und Bewahren. Zur Durchsetzung des gemeinsamen Zieles, nämlich den einzelnen und das Gesamtsystem vor Gefahren zu schützen, ist die Akzeptanz des „Gewaltmonopols" der *Burg* notwendig. Das bedeutet, daß in unserer Gesellschaft der Staat als einziger zum Einsatz von Gewalt legitimiert ist.

Die Ausübung der Macht erfolgt auf dem Schauplatz *Burg* durch die Macht der Funktion, denn der Großteil der hier beschäftigten Menschen sind „Amtsinhaber" oder Politiker, doch auch die Macht der Kontakte zählt hier stark. Die Macht der Gefühle wird über die Sehnsucht nach Sicherheit und die Aktivierung von Ängsten ausgeübt. Über Steuern und die Umverteilung von Geldmitteln, sowie die Ausübung physischer Gewalt ist auch die Macht der Materie wirksam.

Die Burg
ist der Ort des Gemeinwesens,
hier werden Strukturen produziert und verwaltet,
das Ziel ist: Sicherheit

Der Tempel

Der *Tempel* ist der Schauplatz, wo der Mensch sich seiner selbst bewußt wird. Hier werden Erklärungen über die Zusammenhänge der Welt und den Ursprung des Universums gesucht, Mythen geboren und Religionssysteme geschaffen. Die zentralen Fragen „Woher kommen wir? Was ist unsere Berufung? Wohin gehen wir?" finden im *Tempel* immer neue Antworten. Im Laufe der Geschichte wurden dafür immer mehr Wissensgebiete herangezogen, es entstand der Bereich der gezielten Forschung und mit ihm entwickelten sich die Wissenschaften.

Es sind vor allem an die Existenz rührende geistige Bedürfnisse, die hier befriedigt werden, wie die Suche nach den letzten Wahrheiten, die Sehnsucht nach Einheit, Ganzheit und Dauer, nach Transzendenz des beschwerlichen Erdenlebens. Es gilt, die Angst vor dem Unbekannten zu bannen und ein rationales Verständnis der Zusammenhänge zu finden.

Der Schauplatz *Tempel* deckt auch alle Belange ab, bei denen der Mensch mit seiner „Schulweisheit" nicht mehr weiter weiß. Erforschung, Erklärung und Strukturierung des jeweils unverstandenen Bereiches einer Gesellschaft sowie die Integration des Irrationalen fällt in seinen Aufgabenbereich. Besonders die Irritation durch den Tod, aber auch schwere Krankheiten, psychische Belastungen und

Krisen aller Art, sowie die Angst vor den Naturgewalten werden im *Tempel* bewältigt und erleichtert. Zur Unterstützung für diese komplexe Aufgabe wurden Rituale, Verhaltensregeln und Erklärungsmodelle entwickelt. Es bildeten sich Kunstformen, die durch bildliche Darstellung, Tänze und Gesänge helfen sollen, in Kontakt mit der „jenseitigen Welt" zu treten und ihre Unterstützung zu gewinnen.

Während im *Haus* die intimen Beziehungen, auf dem *Markt* das Leistungsprinzip und in der *Burg* größere Strukturen des Zusammenlebens die Normen prägen, wirkt vom *Tempel* aus die Vorstellung vom „guten Menschen" auf die Gesellschaft ein: Ein wohlgefälliges Verhalten kann die Götter bereits im Diesseits gnädig stimmen, oder ein gutes Leben nach dem Tod ermöglichen. Der *Tempel* produziert die Wertesysteme, die über das Moralsystem in die Gesellschaft einfließen und den Menschen Orientierung bieten. Die Themen auf dem Schauplatz *Tempel* sind: Magie, Rituale, Religion, Metaphysik, Ethik, Wissenschaft und Kunst. Je nach den geltenden gesellschaftlichen Vorgaben übernimmt der *Tempel* auch soziale Aufgaben für die Gemeinschaft. Er unterstützt das *Haus* bei der Bewältigung der Obsorge für Kinder, Kranke, Alte und Arme, und ist ein Zufluchtsort für alle, denen die Bewältigung des täglichen Lebens zur Last wird.

Die Mitglieder des *Tempels* bilden eine Gemeinschaft, die nicht nach der Blutsverwandtschaft geregelt ist, sondern nach dem Prinzip „Brüder und Schwestern im Geiste". Daher wird in nahezu allen Kulturen im *Tempel* Mitgefühl und das Bestreben nach Einheit und Ganzheit gefordert. Ordensgemeinschaften können über die ganze Welt verstreut sein und dennoch ihre Mitglieder wie nahe Verwandte behandeln.

Das Wertsystem am Schauplatz *Tempel* ist zugleich ein Metasystem, denn es schafft und definiert brauchbare Werte für die anderen Schauplätze. Ein klarer Zustand des Geistes, der durch Meditation oder Trancetechniken, durch Muße und Einfachheit gefördert wird, sowie eine Relativierung der „weltlichen“ Werte soll die Objektivität und Distanz erzeugen, die dafür gebraucht wird.

Auch der *Tempel* ist kein *machtfreier Raum*. Der Umgang mit Interessenskonflikten drückt sich innerhalb der Organisation über die Macht der Funktion aus und nach außen durch die Macht der Überzeugung. Wieweit die Macht der Materie wirksam wird, hängt stark von der jeweiligen Ideologie ab. Von Armut und Verzicht bis zu Reichtum und sogar Waffeneinsatz reicht das Spektrum. Der Bereich der Reproduktion ist in vielen Kulturen vom Tempel ausgeschlossen und mit ihm sind es auch die Frauen.

Der Tempel
ist der Ort der geistigen Auseinandersetzung,
hier werden Wertesysteme produziert und kontrolliert,
das Ziel ist: Orientierung

Differenzierung und Wandel

Betrachten wir die Menschheitsgeschichte, so können wir feststellen, daß zunächst nur der Schauplatz *Haus* vorhanden war. Ursprünglich war er allein dazu da, alle Grundbedürfnisse des Menschen abzudecken wie Ernährung, Unterkunft, Schutz vor wilden Tieren oder vor Angriffen durch andere Menschen. Die Produktion und Verteilung der lebensnotwendigen Güter wurde ebenso im *Haus* vorgenommen, wie die Organisation und Verwaltung des eigenen Systems und der Schutz vor Gefahren. Auch der Umgang mit Geburt und Tod, sowie die „jenseitige Welt“ waren im *Haus* integriert. In früheren Kulturen, aber auch noch in unserer Gesellschaft, zum Beispiel in entlegenen Bergbauernhöfen, kann ein *Haus* weitgehend autark das Leben aller Beteiligten gestalten. Die Hausgemeinschaft ist die kleinste „Zelle“, die das Überleben der Menschen sichern kann.

Die weiteren *Schauplätze* entstanden erst, als die Gemeinschaften größer wurden, und zur Bewältigung der immer komplexer werdenden Aufgaben eine Differenzierung und auch eine Auslagerung einzelner Bereiche aus dem Hausverband notwendig wurde. Produktion und Handel, Verteidigung und Verwaltung sowie die geistige Auseinandersetzung mit der Welt wurden sukzessive zu eigenen, vom *Haus* weitgehend unabhängigen Bereichen. Mit dieser Trennung verselbständigten und veränderten sich allerdings auch die Wertesysteme. Dadurch wurden auch die Spielregeln der Macht auf den einzelnen *Schauplätzen* so unterschiedlich, daß sich uns diese heute als weitgehend getrennte Welten darstellen.

Individualisierung und Ökonomisierung

Auch das *Haus* selbst unterlag durch diese Prozesse einem extremen Wandel: von der Sippe über die Großfamilie zur Kleinfamilie zur Rumpffamilie bis zum Single. Der Auslagerungsprozeß von Aufgaben, die ursprünglich im Haus bewältigt wurden, hält noch weiter an und hat in unserer Gesellschaft zu einer funktionalen Reduktion des Schauplatzes *Haus* geführt. Bereiche wie Gesundheit, Pflege, Kinderbeaufsichtung und -erziehung, Bildung und Regeneration wanderten erst in den Tempel, wo Ordensspitäler,

Klosterschulen oder Armenhäuser eingerichtet wurden. Danach gelangten sie zunehmend in den Bereich der *Burg* und von dort in den *Markt*. In unserer Zeit der steigenden Ansprüche wird die Finanzierbarkeit der sogenannten Sozialbereiche immer schwieriger. Als Antwort darauf durchdringt das Kalkül der Rentabilität alle Nischen und erzeugt die uns bekannten Probleme.

Ebenfalls im Schrumpfen begriffen ist der bislang sehr mächtige Schauplatz *Tempel*. Wissenschaft und Kunst werden zunehmend kommerzialisiert und fallen damit dem *Markt* zu, während die Schaffung von Werten zur Orientierung immer mehr dem Individuum überlassen bleibt. Die Schauplätze *Markt* und *Burg* expandieren dementsprechend rasant, wobei selbst die Politik der Wirtschaft gegenüber bereits ins Hintertreffen gerät. Das Schlagwort von der Ökonomisierung der Gesellschaft bedeutet für den Umgang mit der Macht, daß der Markt zur Zeit der größte Schauplatz ist, und daß immer noch ein enormer Zustrom aus den drei anderen Schauplätzen stattfindet. Dadurch breiten sich auch seine Spielregeln in Bereichen des Lebens aus, wo sie kontraproduktiv sind.

Neben den großen gesellschaftlichen Problemen, die diese Entwicklung mit sich bringt, und dem allseits beklagten Werteverfall und die Vereinzelung gerät vor allem das Individuum unter starken Druck. Der Schauplatz *Haus* ist bereits so reduziert, daß er seine Aufgabe, den Kindern einen geschützten Platz zum Aufwachsen und den Erwachsenen Geborgenheit und Regeneration zu bieten, nicht mehr ausreichend erfüllen kann. Das Individuum ist aber nicht in der Lage, die Aufgaben allein zu übernehmen, daher wird es im *Haus* zu einem Entwicklungssprung und einer neuen Arbeitsteilung kommen müssen.

Neue Anforderungen

In früheren Zeiten wurde ein Bauernsohn wieder Bauer, ein Adeliger blieb in der *Burg*, die Mädchen waren zum Heiraten und Kinderkriegen vorgesehen, Priester und Nonnen wurden schon in jungen Jahren für den *Tempel* bestimmt. Durch diese Kontinuität konnten die Wertsysteme eines Schauplatzes und die Spielregeln der Macht unbewußt internalisiert und sicher eingesetzt werden. Heute stehen dem Menschen prinzipiell alle Möglichkeiten offen, die Schauplätze im Laufe seines Lebens mehrmals zu wechseln – vom *Haus* zum *Markt*, von der *Burg* ins *Haus*, vom *Tempel* in die *Burg*. Im kleinen Rahmen findet der Wechsel sogar mehrmals täglich statt.

Wir sind heute in diese neuen Freiheiten hineingewachsen und haben viel gelernt. Der Erwerb von Wissen und Kenntnissen der jeweils anderen Schauplätze gelang relativ problemlos. Hingegen fehlte die Einsicht, daß die Spielregeln der Macht auf den einzelnen Schauplätzen unterschiedlich sind und ebenso einer Aneignung bedürfen wie die Kompetenzen. Der Umgang mit der Macht und ihren Spielregeln ist nirgendwo ein Ausbildungsthema. Da viele Menschen darin keine entsprechenden Kompetenzen erwerben können, stehen sie den neuen Anforderungen hilflos gegenüber, was neben anderen bekannten Gründen eine wesentliche Ursache für mangelnden Erfolg und wachsenden Streß ist.

Die Schauplätze der Macht
werden von unterschiedlichen Wertesystemen bestimmt,
und diese bestimmen die Spielregeln.

Anregungen zur Selbstreflexion

1. Stellen Sie fest, auf welchen Schauplätzen der Macht Sie „zu Hause“ sind. Welche Werte sind Ihnen vertraut und mit welchen Spielregeln sind Sie einverstanden.

> ***Die Schauplätze der Macht***
>
> ***Das Haus***
> *ist der Ort der intimen Beziehungen,*
> *hier werden Menschen „produziert“ und regeneriert,*
> *das Ziel ist: Lebenserhaltung.*
> ***Der Markt***
> *ist der Ort des Leistungsprinzips,*
> *hier werden Güter produziert und gehandelt,*
> *das Ziel ist: Gewinn.*
> ***Die Burg***
> *ist der Ort des Gemeinwesens,*
> *hier werden Strukturen produziert und verwaltet,*
> *das Ziel ist: Sicherheit.*
> ***Der Tempel***
> *ist der Ort der geistigen Auseinandersetzung,*
> *hier werden Wertesysteme produziert und kontrolliert,*
> *das Ziel ist: Orientierung.*

---

2. Auf welchen Schauplätzen spielt sich Ihr berufliches Leben ab?

---

3. Auf welchen Schauplätzen ist Ihre Lebenspartnerin, Ihr Lebenspartner „zu Hause“?

---

4. Analysieren Sie einen anstehenden Interessenskonflikt auf der Basis der Werte und Spielregeln der Macht auf unterschiedlichen Schauplätzen.

---

5. Klären Sie mit sich ab, wieweit Ihre Lebensbereiche und Ihre Wertesysteme übereinstimmen, und ob Sie Kraft und Zeit brauchen, um Differenzen immer wieder auszugleichen.

---

6. Überlegen Sie, welche Machtinstrumente Sie auf welchen Schauplätzen einsetzen und ob Sie damit erfolgreich sind.

---

4. Kapitel
Männermacht und Frauenmacht

Das Verhältnis zwischen Männern und Frauen war bis vor etwa hundert Jahren durch eine zwingende Logik geregelt: Als beide Geschlechter noch gemeinsam den Schauplatz *Haus* bewirtschafteten, hatten die Frauen, bedingt durch die biologischen Gegebenheiten der Reproduktion, die Arbeit im Inneren des Hauses zu übernehmen. Die Jagd, der Kampf und der Umgang mit den jenseitigen Mächten, also die „Außenorientierung" war Männersache, einfach weil die Männer durch ihre körperlichen Voraussetzungen die anstehenden Aufgaben besser erfüllen konnten.

Rollenumkehr

Auch heute müßten wir in einer Extremsituation auf das Wertesystem des Schauplatzes *Haus* zurückgreifen und uns wie in Urzeiten verhalten. Wenn beispielsweise Schiffbrüchige ohne die Errungenschaften der modernen Technik auf einer Insel die Aufgaben für das Überleben bewältigen sollten, müßte jeder seine eigenen Interessen hinter das gemeinsame Ziel stellen. Ein Auseinanderfallen der Gemeinschaft wäre lebensbedrohlich. Entsprechend den biologischen Voraussetzungen würden sich klassische Männer- und Frauenrollen ergeben. Die Männer müßten ihre Muskelkraft aktivieren, auf die Jagd gehen, die Unterkunft errichten und Zäune als Schutz gegen die wilden Tiere bauen. Die Frauen würden sich auf ihre Versorgungsfähigkeit besinnen und aus ganz praktischen Gründen die meisten Aufgaben im und um das Haus verrichten, wie Kinder betreuen, Verletzte und Kranke versorgen, Essen zubereiten, vielleicht noch einen Garten bestellen.

In einem anderen Fall könnte mit den Schiffbrüchigen auch technisches Gerät und Babynahrung angeschwemmt worden sein. Stellen wir uns vor, die Frauen waren in ihrer Zivilisation etwa als Bauingenieurin, als Unteroffizierin bei den Pionieren und als Försterin berufstätig und die Männer als Alternativmediziner, als Koch und als Lehrer. Unter diesen Umständen würde es nicht automatisch erforderlich sein, daß die Arbeitsteilung nach geschlechtsspezifischen Kriterien erfolgt. Die Frauen könnten sich mit Hilfe der Technik und ihres Wissens um den Hausbau, den Aufbau von Schutz und Verteidigung, sowie um die Jagd kümmern, während die Männer aufgrund ihrer Ausbildung Kinder, Kranke und Alte mit Kochen, Pflege und Bildung versorgen könnten.

Damit die Rollen zwischen den Geschlechtern anders verteilt werden können, braucht es also Umstände, wie wir sie in den modernen Industriegesellschaften vorfinden: die größere Körperkraft der Männer kann mit den Möglichkeiten der Technik ersetzt werden, und die Frauen sind nicht mehr einen Großteil ihres Lebens mit den Aufgaben der Reproduktion beschäftigt. Beide Geschlechter haben Zugang zur Bildung und zum Arbeitsmarkt.

Schiefe Optik

Diese Bedingungen unserer Zivilisation haben zwar die Auflösung der Rollenzuschreibung gefördert, jedoch nicht die volle Gleichberechtigung der Geschlechter gebracht. Es zeigt sich immer deutlicher, daß das Hindernis dafür nicht in der Kompetenz der Geschlechter liegt – sondern in der ungleichen Verteilung der Macht zwischen Männern und Frauen. Verfolgen wir die geschichtliche Entwicklung, so erkennen wir die Ursache: Nach der Spezialisierung und Auslagerung der Schauplätze bestellten die Frauen weiterhin das *Haus*, doch zunehmend allein. Die Männer bewirtschafteten den *Markt*, die *Burg* und weitgehend auch den *Tempel*. Mit der Zeit wurde auch die materielle Versorgung des *Hauses* immer mehr in die anderen Schauplätze verlegt und dort von den Männern besorgt.

Ab diesem Zeitpunkt wurde die Arbeit der Frauen im *Haus* zunehmend als „unproduktive" Arbeit begriffen. Egal wie viel diese auch weiterhin an Versorgungsdiensten für Kinder, Alte und Kranke leisteten – nach außen dominierten die „männlichen" Schauplätze mit größerem Spielraum, besserem Image und dem alleinigen Zugang zu den materiellen Ressourcen. Das hatte zur Folge, daß das Haus immer mehr in eine untergeordnete Position geriet und zu einem „unbedeutenden" Schauplatz wurde, während *Markt und Burg* und lange Zeit auch der *Tempel* ihre Rangordnung aufwerten konnten.

Dieses Ungleichgewicht bedingte zugleich auch ein ungleiches Verhältnis im Bereich der Macht: Auf der äußeren Ebene fiel das *Haus* unter den Machtanspruch der anderen, männlichen Schauplätze. Männer hatten das Verfügungsrecht über Frauen und Kinder, sie übten die Macht des Geldes, der Herkunft, des Wissens aus, sowie über gesellschaftliche und religiöse Normen auch die Macht der Überzeugung.

Lange Zeit blieb den Frauen als letzte Bastion nur die innere Ebene – die Macht der Gefühle. Sie konnten auf diesem Gebiet noch punkten, weil die Grundbedürfnisse der Männer nach Geborgenheit, Regeneration, Sexualität und Nachkommenschaft nach wie vor bestehen blieben und befriedigt werden wollten. Als Ehefrau, als Frau des Hauses, als Mutter und als Geliebte hatten die Frauen im Innenverhältnis der Beziehungen weiterhin einen Machtspielraum und in diesen Rollen auch eine gewisse gesellschaftliche Akzeptanz. Jahrhundertelang konnten Frauen noch indirekt über die Macht der Gefühle, mit dem Einsatz von Fürsorge und Sexualität auf die Männer und damit auf die Entwicklung der anderen Schauplätze Einfluß nehmen. Diese Periode dauerte so lange, daß viele Menschen heute noch die Verhaltensweisen und Werte des Schauplatzes *Haus* als „Frauenmacht" und alle anderen als „Männermacht" begreifen.

Doch selbst diese „Frauenmacht" geriet mit der Emanzipationsbewegung in ein schlechtes Licht. Sie wurde als „Weibchenschema" abgetan und erhielt immer weniger ehrliche Wertschätzung in der Öffentlichkeit. So mußte die letzte offizielle Machtbastion im *Haus* aufgegeben werden, und die Macht der Frauen wanderte in den Untergrund. Heute wird sie von vielen Frauen als Machtform kaum noch bewußt wahrgenommen und eingesetzt. Nun sitzen die Frauen zwischen zwei Sesseln: die alte „Frauenmacht" hat ihre Kraft verloren und die „Männermacht", die Macht der anderen Schauplätze, will sich den Frauen nicht so recht erschließen.

„Haus"frauen und „richtige" Männer

Frauen haben zwar theoretisch den Zugang zu allen Bereichen der Gesellschaft erkämpft und bewiesen, daß sie alle Aufgaben inhaltlich ebenso gut bewältigen können wie Männer – doch praktisch kommen sie kaum voran. Die Macht wird auf den Schauplätzen *Markt* und *Burg* immer noch als männlich empfunden, und viele Frauen wollen auf den neuen Schauplätzen nicht „männlich" agieren. So bemühen sie sich gemäß ihrer jahrtausendelangen Tradition, die Interessenskonflikte auf dem *Markt* oder in der *Burg* nach den Spielregeln des *Hauses* zu lösen. Dazu verwenden sie die „weiblichen" Werte wie Fürsorge, Sensibilität und soziale Kompetenz. Bei all den Bemühungen um Gleichberechtigung ist ihnen noch nicht bewußt geworden, daß auf den anderen Schauplätzen der Macht andere Wertesysteme gelten als im *Haus*. Weil Frauen mit diesen keine Erfahrungen haben, halten sie ihre Spielregeln für die einzig möglichen und richtigen und geraten so in eine „Doppelmühle": Entweder sie sind erfolgreich und erkennen die Spielregeln des neuen Schauplatzes an – dann empfinden sie diese als männlich und beklagen eine gewisse „Vermännlichung", oder sie bleiben auf ihrem Erfolgsweg stecken, weil sie ihre weiblichen, sprich häuslichen Werte und Verhaltensweisen nicht aufgeben wollen. Viele ziehen sich dann enttäuscht wieder ins *Haus* zurück.

Ebenso haben heute die Männer Probleme, wenn sie ihre Rolle als neue Väter wahrnehmen. Oft versuchen sie, sich in der Familie nach den Spielregeln von *Markt* oder *Burg* zu verhalten. Sie behandeln ihre Kinder wie ihre Mitarbeiter, mit Leistungsanforderungen und Weisungspflicht, oder wie Kunden, denen man seine Produkte schmackhaft machen muß. Männer, die ernsthaft an der Kinderbetreuung und -erziehung mitwirken und im Haushalt Verantwortung übernehmen, bemerken oder befürchten eine „Verweiblichung", wenn sie die Spielregeln des *Hauses* zu sehr integrieren. Das Wertesystem des Hauses halten sie für sich als nicht angemessen, sie identifizieren es mit „weiblich", und oft verstärken sie dann lieber wieder ihr Engagement im Beruf.

Das ist auch der Grund, weshalb die Umsetzung von „Halbe-halbe", sprich die gleichmäßige Verteilung von Rechten und Pflichten zwischen Männern und Frauen, nun schon seit einiger Zeit stockt. Mancherorts entsteht sogar ein Umkehreffekt, und die jüngeren Frauen drängen eher wieder ins *Haus* zurück – sehr zum Leidwesen ihrer kämpferischen Mütter.

Wo bleibt die Erotik?

Diese Situation wirkt sich auch auf Einstellung und Verhalten im Bereich der Erotik aus. Auch hier haben wir noch nicht ganz begriffen und vor allem nicht „erspürt“, daß sich auch die Interpretation erotischer Signale durch den Wechsel der Schauplätze verändern muß. Frauen erwerben immer mehr Kompetenzen und öffentliche Macht, doch wir empfinden immer noch nach der alten Verteilung: Frauen im *Haus*, Männer in *Markt* und *Burg*. Ein Mann, der auf „seinem“ Schauplatz mächtig ist, wirkt als „Ernährer“ und „Beschützer“ erotisch, während ein Mann im *Haus* auch heute noch für viele Frauen unerotisch wirkt – er wird als „Schwächling“ oder „Softie“ eingestuft. Ebenso wirkt eine mächtige Frau auf dem *Markt* oder in der *Burg* rollenfremd und dadurch nicht erotisch – sie wird instinktiv von den Männern als Konkurrenz empfunden und bekämpft.

Bleibt diese traditionelle Einstellung im Bereich der Erotik erhalten, dann wird es schon aufgrund der Statistik bald keine befriedigenden Beziehungen mehr geben: Immer mehr mächtige Frauen suchen nach noch mächtigeren Männern, während zugleich die Forderung besteht, daß die Männer die Hälfte der Arbeit im Haus übernehmen sollen – was diese zugleich unattraktiv erscheinen läßt. Auf der anderen Seite wünschen sich mächtige Männer eher Frauen mit „Haus-Qualitäten“, doch immer weniger Frauen verfügen über solche. Hingegen haben Frauen, die auf dem *Markt* und in der *Burg* erfolgreich sind, für

Männer keine „erotische Signalwirkung“, eher lösen sie Irritationen oder sogar Ängste aus – der Weg „zurück an den Herd“ scheint da für viele die einzige Lösung zu sein.

Dies ist etwa die derzeitige Situation auf dem „Partnermarkt“ der westlichen Welt. Damit hier wieder eine Bewegung „nach vorne“ entsteht, müssen wir dringend unsere Einstellung zu Erotik und Macht verändern und die geänderten Bedingungen ins Bewußtsein integrieren.

Das Ende der Determinierung

Eine Änderung so tief verwurzelter Verhaltensprogramme ist nicht einfach, aber dennoch möglich. Im Gegensatz zum Tier ist es dem Menschen möglich, durch Verständnis und Einsicht über seine Instinkte und Reflexe hinauszuwachsen. Er hat im Laufe der Evolution gelernt, beispielsweise seine Angst vor dem Feuer oder sein Unbehagen vor dem Fliegen zu überwinden. Diese Herausforderung gilt es nun im Bereich der Macht anzunehmen, denn noch nie in der Geschichte der Menschheit gab es eine solche Situation: Für Männer wie für Frauen besteht die Möglichkeit, sich aus der Umklammerung der Biologie zu lösen.

Die Technik ersetzt die Muskelkraft und macht den Umgang mit schweren Arbeiten auch für physisch schwächere Menschen wie Frauen und Alte möglich. Die industrielle Nahrungsmittelproduktion stellt die Versorgung sicher. Ein ausgereiftes Staatswesen garantiert ein hohes Maß an persönlicher Freiheit, innerer Sicherheit und äußerem Frieden, eine weitgehend stabile Wirtschaftslage ermöglicht die Teilhabe vieler an Wohlstand und Entwicklung. Diese Aufgaben oblagen früher ausschließlich den Männern, doch nun wird diese Determinierung durch die Möglichkeiten der Technik, Wissenschaft und Organisation aufgelöst. Erst dadurch wird auch für Frauen die Beteiligung an diesen Bereichen möglich. Außer der Produktion von Samenzellen scheint heute keine Aufgabe mehr ausschließlich den Männern vorbehalten zu sein. Diese Situation ist eine der Ursachen für die viel beschriebene Sinnkrise des einst so mächtigen Geschlechtes und provoziert sogar männliche Buchautoren zu der Überlegung, ob die Männer nicht in Zukunft gänzlich überflüssig werden.

Die Entwicklung der Medizin und des Sozialwesens entlastet die Frauen immer mehr von ihren Aufgaben der Fürsorge um Kinder, Kranke und Alte – selbst die Versorgung von Säuglingen kann leicht in andere Hände gelegt werden, dafür ist dank der Nahrungsmitteltechnologie nicht einmal mehr eine Amme nötig. Heute sind die Frauen theoretisch nur noch durch die Schwangerschaft und die Geburt ans *Haus* gebunden, und die Biotechnologie arbeitet daran, daß Embryos ganz in der Retorte aufgezogen oder Menschen geklont werden können. Für unsere Überlegungen sei im Moment dahingestellt, ob das gut oder schlecht wäre, allein die Tatsache, daß solche Möglichkeiten eröffnet werden, ändert das Bewußtsein aller Beteiligten grundlegend.

Der Zugang zur Bildung und zum Arbeitsmarkt ermöglicht den Frauen zum ersten Mal in größerem Umfang, den Schauplatz *Haus* zu verlassen und sich auf den anderen Schauplätzen zu bewähren. Die damit verbundenen geänderten Wertevorstellungen weisen den Männern neue Rollen im *Haus* zu. Durch die aufmerksame Beobachtung dieser neuen Interaktionen läßt sich nun auch erkennen, daß weibliche und männliche Machtformen zum Großteil aus Traditionen und Denkgewohnheiten bestehen. Es sind also nicht männliche oder weibliche Werte, die für die Spielregeln der Macht maßgeblich sind, sondern die Wertesysteme der einzelnen Schauplätze. Männer wie Frauen haben die Spielregeln der Macht gleichermaßen zu erfüllen, wenn sie mit ihren Handlungen auf dem jeweiligen Schauplatz erfolgreich sein wollen.

Ein Fortschritt im Verhältnis zwischen Mann und Frau wird wahrscheinlich erst dann erzielt werden, wenn auch die Mechanismen der Macht verstanden und integriert werden. Dazu müßte sich die Einsicht durchsetzen, daß geschlechtsspezifische Spielregeln der Macht nur dort wirksam sind, wo biologische Bedingungen zwingend sind, daß aber mit wachsender Entwicklung der Technik und des Bewußtseins jeder Schauplatz nach seinen eigenen Gesetzmäßigkeiten funktioniert, unabhängig davon, ob ein Mann oder eine Frau darauf agiert.

Geschlechtsspezifische Machtformen
existieren nur im Bereich biologischer Determiniertheit.
Die Spielregeln der Macht
sind durch die Wertesysteme der Schauplätze bedingt,
nicht durch das Geschlecht der Akteure.

Anregungen zur Selbstreflexion

1. Für Frauen:
   - Wollen Sie, daß sich an Ihrem Arbeitsplatz alle gut verstehen, daß die Atmosphäre harmonisch ist?
   - Sorgen Sie häufig für Ihre Kollegen oder Mitarbeiter?
   - Fühlen Sie sich oft hintergangen oder ausgenützt?
   - Haben Sie manchmal das Gefühl, daß in der Firma „etwas läuft“, und Sie wissen nicht genau was es ist?

- Haben Sie den Eindruck, daß Männer beruflich besser vorankommen?
- Bekommen Sie oft Anerkennung für Ihr soziales Verhalten?
- Sind Sie bei den Kollegen und Kolleginnen sehr beliebt?
- Sind Sie nach der Arbeit besonders erschöpft und ausgelaugt und können nicht genau sagen, warum?
- Ist es Ihnen besonders wichtig, durch die Berufstätigkeit nicht an Weiblichkeit zu verlieren?
- Vertreten Sie die Meinung, daß es „weibliche Werte" im Arbeitsleben gibt, die ein Gewinn für das Unternehmen sind?
- Sehnen Sie sich manchmal danach, zu Hause bleiben zu können, und wünschen Sie sich einen Mann, der Sie versorgt?
- Lehnen Sie den Einsatz von Macht prinzipiell ab und meinen Sie, daß die negativen Auswirkungen der Macht vor allem durch die mißbräuchliche Handhabung der Männer entstanden sind?

Viele Ja-Antworten könnten ein Hinweis darauf sein, daß Sie dazu neigen, Ihren Beruf nach dem Wertesystem des Schauplatzes *Haus* zu gestalten. Das würde bedeuten, daß Sie auch den Umgang mit der Macht nicht optimal gestalten können.

2. Für Männer:
   - Fühlen Sie sich zu Hause oft unsicher und „fehl am Platz"?
   - Überlassen Sie das Terrain des Hauses gerne Ihrer Partnerin?
   - Haben Sie oft das Gefühl, daß Ihre Entscheidungen oder Bedürfnisse zu Hause unpassend sind?

- Geht es Ihnen auf die Nerven, daß man nichts richtig planen kann, weil immer alles anders kommt als man denkt (das Kind wird krank, der Babysitter verspätet sich, die Mutter muß ins Krankenhaus u. ä.)?
- Rackern Sie sich in Ihrem Beruf ab, damit es die Familie gut hat, und bekommen dafür eher Vorwürfe als Anerkennung?
- Findet Ihre Partnerin, daß Sie sich generell zu wenig um die Familie kümmern?
- Finden Sie ein Wochenende mit der Familie anstrengender als Arbeitstage, selbst wenn Sie viel zu tun haben?
- Sehnen Sie sich manchmal nach einer „traditionellen Arbeitsteilung", bei der die Partnerin das Haus versorgt und Sie ohne schlechtes Gewissen Ihren Beitrag durch das Geld abliefern können, obwohl Sie rational für die Gleichberechtigung der Frauen sind?
- Kennen Sie ein unbestimmtes Gefühl der Ohnmacht und Hilflosigkeit gegenüber Frauen, obwohl meist Ihnen der Einsatz von Machtinstrumenten vorgeworfen wird?

Viele Ja-Antworten könnten bedeuten, daß Sie Ihre privaten Beziehungen zu Partnerinnen oder Kindern nach dem Wertesystem des *Marktplatzes* oder der *Burg* gestalten. Das würde bedeuten, daß Ihre gewohnten Machtformen für den Schauplatz *Haus* unpassend sind, während Sie die dort geltenden Machtmechanismen nicht durchschauen.

3. Für beide Geschlechter:
   - Möchten Sie die Welt verbessern oder eine „Revolution" herbeiführen?

- Gehen Ihnen unser Gesellschaftssystem oder manche Entwicklungen darin besonders auf die Nerven?
- Verwenden Sie viel Zeit damit, darüber nachzudenken oder sich darüber aufzuregen?
- Meinen Sie zu wissen, was man tun müßte, damit die Gesellschaft besser funktioniert?
- Neigen dazu, Ihre Meinung so darzustellen, daß sie wie eine absolute Aussage wirkt?
- Werden Sie manchmal wegen Ihrer „weltfremden" Ansichten belächelt?
- Findet man Ihren „Idealismus" zwar lobenswert, aber doch ein bißchen naiv?
- Hatten Sie bereits in Ihrer Jugend das Gefühl, anders zu sein als die anderen?
- Meiden Sie gesellschaftliche Veranstaltungen und „Small talk" und ziehen Sie sich lieber in sich selbst oder in die Natur zurück?
- Haben Sie eine starke Beziehung zu Religionen, Esoterik oder Spiritualität?
- Sind Sie ein äußerst strikter Gegner oder eine Gegnerin dieser Bereiche, hängen aber sehr vehement einer politischen Richtung, einer Weltanschauung an?
- Nehmen Sie die Naturgesetze für absolut?
- Meinen Sie, daß sich die Machtverhältnisse auf der Welt deutlich verbessern würden, wenn alle Menschen sich nach Ihren Werten richten würden?

Viele Ja-Antworten könnten bedeuten, daß Sie vielleicht nach den Spielregeln des Tempels leben, obwohl Sie einen „weltlichen Beruf" haben und diese Vorstellung für Sie absurd klingt. Sie werden dann möglicherweise die Spielregeln der anderen Schauplätze falsch deuten und mit den Ihren nicht den gewünschten Erfolg erzielen.

5. Kapitel
Hell und dunkel

Nachdem nun grundlegende Bereiche der Machtmechanismen differenziert wurden, verlangt auch die „dunkle Seite“ der Macht nach einer genaueren Betrachtung. Die Quellen, die Insignien und die Schauplätze wurden als Erscheinungsformen ohne Bewertung dargestellt, die Frage von gut und schlecht soll jetzt gesondert behandelt werden. Entsprechend der Definition „Macht dient der Lösung von Interessenskonflikten“, können die genannten Elemente einerseits zum Wohle der Beteiligten eingesetzt werden, andererseits reichen ihre Möglichkeiten von der Vernichtung des Gegners bis zur Selbstzerstörung.

Die Abgründe

Wo liegt aber nun die Grenze zwischen der hellen und der dunklen Seite der Macht? Wie können wir feststellen, ob wir selbst oder andere die Macht mißbrauchen? Wann übt jemand seine Macht verantwortungsvoll im Sinne aller Beteiligten aus und wann beginnt der Mißbrauch? Wenn wir an die „dunkle Seite“ der Macht denken, fallen uns Begriffe ein wie Gewalt, Zwang, Intrige, Korruption oder Manipulation – verübt von Einzelpersonen, von Regierungen, von Organisationen bis hin zu den Medien. Dazu kommen noch die schrecklichen Gefühle der Ohnmacht, der Hilflosigkeit, der Unterlegenheit, der grundsätzlichen Benachteiligung oder des Opferseins. Davor fürchten sich die meisten Menschen, weil kaum jemand Gelegenheit hatte, einen befriedigenden Umgang damit zu erlernen. Jeder versucht mit seinen wenigen Instrumenten zurechtzukommen und hofft, von den dunklen Seiten der Macht verschont zu bleiben. Selten eignet sich jemand Fähigkeiten auf diesem Gebiet systematisch an, denn die Abgründe wirken wie der siebenköpfige Drache im Märchen: bevor er nicht besiegt ist, bleibt einem der Lohn versagt.

Die Auseinandersetzung mit dem „Bösen“, dem „Schrecklichen“ oder den „Schattenseiten“ der Seele bekommt seit einigen Jahrzehnten durch die Techniken der Psychotherapie neue Impulse. Erst die Akzeptanz der unbewußten und irrationalen Anteile der Psyche ermöglicht Einsichten jenseits der jeweils geltenden Moralvorstellungen. Deren Kategorien wie „du sollst“ und „du darfst nicht“ führen zu vorschnellen Urteilen, verstellen den Blick auf die tieferliegenden Beweggründe des Menschen und verhindern dadurch ein umfassendes Verständnis wie auch die Kommunikation darüber. Das unvoreingenommene, explorative Herangehen eröffnet neue Dimensionen der Erkenntnis, die auch bei der Orientierung zwischen der hellen und der dunklen Seite der Macht hilfreich sein können.

Wie kommen wir also zu einer größeren Objektivität in der Beurteilung der Machtausübung – unserer eigenen und der anderer Menschen? Um nicht vorschnell zu richten, wollen wir die „dunkle Seite“ der Macht näher betrachten.

Die Verteilung der Macht

Der akzeptierte „Gebrauch“ der institutionalisierten Macht beruht auf einer offenen oder stillschweigenden Übereinkunft. Aus zwei Gründen kann es zur offiziellen Übernahme von Macht kommen: Einerseits wird sie abgegeben, wenn im Laufe der Entwicklung die Aufgaben zu komplex werden. Es kommt zu einer Arbeitsteilung und damit zu einer Spezialisierung in einzelne Bereiche, um eine Entlastung zu erreichen. Andererseits wird die Macht auch angefordert, wenn die eigenen Möglichkeiten nicht ausreichen, um ein Problem zu bewältigen. Dieser „Dienst“ hat seinen Preis. Es wird eine Vereinbarung geschlossen, welche Gegenleistung der Machthaber erhält. So gesehen ist ein geregeltes Machtverhältnis eine Art Geschäft. Solange der Mächtige im Rahmen der gemeinsamen Ziele und zum Wohle aller Beteiligten agiert, betrachtet man die Machtausübung als sinnvoll.

Die Bauern im Mittelalter ersuchten ursprünglich den Ritterstand um die bewaffnete Verteidigung, weil sie selbst dazu nicht in der Lage waren. Dafür lieferten sie einen „Zehent“ von ihrer Ernte ab. Diese „Arbeitsteilung“ funktionierte lange Zeit zum Vorteil für alle. Erst als diese Aufgabe nicht mehr im Sinne der ursprünglichen Interessen wahrgenommen, als der Preis dafür unverhältnismäßig gesteigert oder gewaltsam eingetrieben wurde, zerfiel das Bündnis. Die Macht wurde von den Lehensherren zunehmend mißbraucht, bis Unterdrückung und Ausbeutung die Bauern in den Aufstand trieben.

Wie schon gezeigt wurde, war auch zwischen Männern und Frauen die Aufteilung der Macht in ein Innen- und Außenverhältnis ursprünglich sinnvoll, als die biologischen Gegebenheiten von Körperkraft und Kinderversorgung zwingende Voraussetzungen zum Überleben waren. Heute sind diese Bedingungen nicht mehr in diesem Ausmaß vorhanden, doch die Machtverteilung ändert sich nur langsam. Da die Männer immer noch im Besitz der öffentlichen Macht sind, gerät ihr bislang akzeptiertes Verhalten zunehmend in den Verdacht des Macht-Mißbrauchs.

Neben der institutionalisierten Macht gibt es allerdings auch Situationen, in denen der einzelne spontan und kraft seiner Persönlichkeit Macht ausüben muß, um seine Integrität zu verteidigen. Diese Macht muß er oder sie sich immer wieder selbst nehmen. Wenn man nicht mit einem offiziellen „Mandat“ ausgestattet ist, das den Umfang und die Spielregeln vorgibt, benötigt man Zivilcourage. Das Spektrum reicht dabei vom Widerspruch in einem Streitgespräch unter Freunden bis zum Widerstand gegen die Staatsgewalt, von der Auflehnung gegen gesellschaftliche Zwänge bis zur Befehlsverweigerung.

Macht-Mißbrauch

Wenn sich eine Seite nicht mehr an ein Abkommen hält, wenn sie ihre Befugnisse überschreitet oder nicht bereit ist, auf geänderte Bedingungen einzugehen, wenn die andere Seite ihre Gegenleistung nicht mehr abliefert, beginnt der Mißbrauch der Macht. Ein Blick in die Geschichte, aber auch in berufliche und private Beziehungsgeflechte, zeigt eine prekäre Situation: Jeder, der Macht hat, kann diese auch mißbrauchen, denn es gibt keinen sicheren Schutz davor. „Macht braucht Kontrolle“ lautete vor einigen Jahren ein Wahlslogan, der den Bürgern Sicherheit vor befürchtetem Macht-Mißbrauch in der Politik vermitteln sollte. Kontrolle ist wohl das Mittel der Wahl, um Machtinhaber in Schranken zu halten und sie auch selbst davor zu schützen, den Verlockungen der Macht zu erliegen. Doch ebenso wichtig ist die Aussage „Macht braucht Vertrauen“, denn wenn man die Mächtigen ständig kontrollieren muß, so wird das ganze System ineffizient. Stabile Phasen entstehen in der Politik wie auch in privaten Beziehungen immer dann, wenn Kontrolle und Vertrauen im Gleichgewicht sind. Ist das Vertrauen zu groß, werden Freiheiten leicht mißbraucht. Ist die Kontrolle zu strikt, verringert sich der Handlungsspielraum bis zur Lähmung. Diese Balance zu halten ist aufwendig und dementsprechend groß das Bedürfnis, „grundsätzliche Lösungen" zu finden. Die Geschichte ist voll von Ideen und Experimenten, wie man die negativen Auswirkungen und die Gefahren des Macht-Mißbrauchs „endgültig" kontrollieren könnte.

Beispielswiese postuliert die Staatsform der Demokratie, daß alle Macht vom Volk auszugehen habe. Die Beherrschten werden zugleich zum Souverän, so daß sie sich „aussuchen" können, in welcher Weise Macht über sie ausgeübt werden solle. Im Kommunismus hingegen gehört die Macht dem Proletariat, Intellektuelle und Funktionäre sollen die Interessen der Werktätigen vertreten. In beiden Fällen führt jedoch das Prinzip der Macht „von unten" nicht zu einem Verschwinden des Mißbrauchs: Wie wir im Kapitel über die Tabuisierung gesehen haben, wird er allenfalls weniger offensichtlich und weniger leicht angreifbar.

Liberale und grüne Parteien, Vereine und Gruppierungen haben versucht, durch Rotation oder Doppelbesetzung von Funktionen einem Mißbrauch strukturell entgegen zu wirken. Diese Maßnahmen erwiesen sich jedoch als wenig effizient und äußerst schwerfällig – sobald diese Parteien zu mehr Macht gekommen waren, wurde die Regelung geändert. Man verließ sich dann doch lieber auf ein starkes Wertesystem und auf die Macht der Überzeugung.

Auch wenn jemand unter dem Ideal der Zivilcourage handelt, kann er die Macht mißbrauchen, die Bewertung ist allerdings schwierig, weil die Regeln nicht festgelegt und die Grenzen fließend sind. Das eigene Gewissen und die normierte Ethik sind dann die einzigen Anhaltspunkte.

Wie selbstverständlich denken wir bei Macht-Mißbrauch immer an die Schädigung derer, die Macht abgegeben haben, und überlegen Möglichkeiten zu ihrer Hilfe und Unterstützung. Macht-Mißbrauch liegt jedoch auch dann vor, wenn jemand mehr übernimmt, als er oder sie tragen kann, sich also durch Überbelastung selbst schädigt. Im öffentlichen Bereich ist es die Verantwortung, die zu schwer auf den Schultern eines Menschen lastet, und im privaten Bereich sind es seine Verpflichtungen. So gesehen sind Frauen, die unter ihrer Mehrfachbelastung zusammenbrechen, oder Multifunktionäre, die dem Druck nicht mehr standhalten, auch an einer Form des Macht-Mißbrauchs beteiligt.

Macht-Mißbrauch ist somit kein festgelegter „Tatbestand“, sondern nur durch die Bewertung aller Umstände zu begreifen. Oft ändern sich die Voraussetzungen im Laufe der Machtausübung, und Maßnahmen, die eben noch akzeptiert waren, werden nun als Mißbrauch geahndet. Jeder, der Macht ausübt, muß jederzeit damit rechnen, daß er seine Handlungen rechtfertigen muß – sei es vor seinem Gewissen oder vor denen, die ihm die Macht verliehen haben.

Macht-Mißbrauch liegt vor, wenn
ein Machtverhältnis entgegen seiner Bestimmung ausgeübt wird,
es ohne Übereinkunft errichtet, verändert oder aufrechterhalten wird,
sich jemand in der Ausübung der Macht selbst schädigt.

Was ist Gewalt?

Befragt man Personen unterschiedlichen Alters nach ihrer Einstellung zur Gewalt, kommt man fast immer zu ähnlichen Ergebnissen: Die meisten spontanen Antworten beziehen sich auf körperliche Gewalt und diese wird strikt abgelehnt. Die meisten Menschen sind auch davon überzeugt, daß sie sich selbst gewaltfrei verhalten. Manche leiden unter der Gewaltausübung durch andere oder haben diffuse Ängste davor. Bei genauerem Nachfragen tauchen auch Überlegungen zu psychischer Gewalt oder zum Monopol der Staatsgewalt auf. In weiterer Folge der Diskussion muß jedoch die absolute Ablehnung der Gewalt relativiert und um die Frage nach der Berechtigung, nach der ethischen oder gesetzlichen Legitimation ergänzt werden.

Darf jemand Gewalt anwenden, um einen Übergriff abzuwehren? Gibt es so edle Ziele, daß zu ihrer Erreichung auch Gewaltanwendung gerechtfertigt ist? Soll man Gewalt mit Gewalt begegnen? Alles Fragen, die weit in die Geschichte, die Ethik, die Politik oder die Rechtswissenschaften reichen. Früher gaben die gültigen Wertesysteme der Religionen allgemein verbindliche Normen vor, auf die man sich im großen und ganzen verlassen konnte. Heute wird ein immer größerer Teil der Verantwortung dem Individuum übertragen, wodurch auch im Umgang mit der Macht der einzelne vermehrt auf sein Gewissen angewiesen ist. Was ist aber Gewalt und wie kann man dazu Stellung beziehen?

Eine brauchbare Auseinandersetzung mit diesem Begriff liefern die Brüder Grimm in ihrem Wörterbuch der deutschen Sprache bereits im 19. Jahrhundert. Sie beziehen den Gewaltbegriff auf zwei Wurzeln aus dem Römischen Recht und klären damit die beiden heute noch vorhandenen

Bedeutungskreise. Zum einen läßt sich Gewalt im Sinne von „potestas“ definieren: Dann meint man damit das Vermögen, die Möglichkeit etwas zu tun. Zu dieser Begriffsfamilie gehört auch heute noch die „Verwaltung“, „schalten und walten“, „gewaltig“, „bewältigen“, „die Gewaltenteilung“ und ähnliches. Diese Bedeutung ist gleichzusetzen mit der diesem Buch zugrunde liegenden Definition von Macht im Sinne von „können“.

Die zweite Bedeutung von Gewalt leitet sich bei den Brüdern Grimm von „violentia“ ab. In diesem Sinne bedeutet Gewalt, „eine vorhandene Überlegenheit auszunützen, ohne darauf zu achten, ob das recht und billig sei“. Diese Beschreibung zielt auf die Frage der Legitimation ab, wird jedoch nicht weiter ausgeführt.

Stellen wir uns folgende Situation vor: Jemand verfolgt ein Ziel, trifft auf einen Widerstand, kann oder will daraufhin sein Ziel nicht verändern und auch nicht davon ablassen – dann führt bei anhaltendem Widerstand jedes weitere Vorgehen zwangsläufig zur Verletzung der Integrität des anderen und damit zur Gewaltanwendung. Dies bringt uns zu folgender Definition: Physische Gewalt liegt vor, wenn bei der Ausübung von Macht ein Widerstand mit Körperkraft oder Waffen gebrochen wird.

Doch heute zählen nicht nur offensichtliche körperliche Attacken oder Waffenanwendung zur Gewalt. Selbst in der Rechtssprechung wird auch psychische Gewalt als Delikt anerkannt. Denkt man diesen Ansatz zu Ende, kommt man zu einer erweiterten Definition der Gewalt:

Jede Quelle der Macht kann durch Eskalation zu einer Quelle der Gewalt werden.

Macht	*Gewalt*
Materie	*körperliche Attacken, Waffeneinsatz …*
Herkunft	*Rassendiskriminierung, Sklaverei …*
Mehrheit	*Minderheitenunterdrückung, Massenphänomene …*
Wissen	*Intrigen, Rufmord, Manipulation, List, Betrug …*
Gefühle	*Wutausbruch, emotionale oder sexuelle Erpressung …*
Funktion	*Schikanen, Übergriffe …*
Kontakte	*Loyalitätszwang, Korruption …*
Überzeugung	*Gesinnungsterror, Inquisition, Zwangsmissionierung …*

Während Handlungen „im Namen des Gesetzes“ als legitimierte Form der Staatsgewalt noch relativ transparent sind, ist eine Gewaltanwendung in der Wissenschaft oder der Religion wesentlich schwerer zu durchschauen. Die Macht der Überzeugung wird zur Gewalt, wenn ein Absolutheitsanspruch errichtet wird, wenn geltende Auffassungen nicht mehr hinterfragt werden dürfen, und die Verbreitung von kontroversiellen Erkenntnissen verhindert und geahndet wird. In totalitären Regimen, in fundamentalistischen Religionen und in fanatischen Gruppierungen wird die Gedankenfreiheit mit der Gewalt der Dogmen in Schach gehalten oder niedergezwungen. In Beziehungen können Menschen über den Zugriff auf die Gefühle des Partners oder der Kinder Gewalt anwenden. Womit auch immer jemand seine Interessen durchsetzt, wenn er dabei die Integrität eines anderen verletzt, handelt es sich um Gewalt – unabhängig davon, ob sie sich körperlich, psychisch oder strukturell auswirkt.

Gewissen und Gesellschaft

Die Frage „was recht und billig ist", also ob es Umstände gibt, unter denen Gewalt legitimiert werden kann, bedarf einer noch komplexeren Betrachtung, als die Klärung des Begriffes. Das Gesetz kennt etwa die Straffreiheit von Gewalt, wenn es sich um Notwehr handelt, und die Morallehre nennt das Beispiel vom Tyrannenmord als berechtigte Befreiung von einem Übel. Weiters hat der Staat das Monopol auf Gewalt. Das bedeutet, daß der Staat das Recht hat, mittels seiner Organe die Interessen gegenüber dem Bürger notfalls auch mit Gewalt durchzusetzen. Um diese Macht zu kontrollieren, müssen zum Ausgleich auch in Demokratien die Bürgerrechte immer wieder eingefordert werden.

Doch wer erteilt die „Erlaubnis" zum Einsatz des letzten Durchsetzungsmittels? Wodurch kann man die Verfolgung des Zieles als soviel höher stehend begreifen als die Integrität des Individuums? Wie schon im Abschnitt über die „Legitimation der Macht" dargestellt, ist die Instanz für diese Entscheidungen das gesellschaftliche und das individuelle Wertesystem. Hier stellt sich die Frage von „hell oder dunkel". Doch diese kann erst nach eingehenden Überlegungen beantwortet werden, da die Wertesysteme in den Kulturen und politischen Systemen unserer Welt höchst unterschiedlich sind. Organisationen wie die UNO oder Vereinbarungen wie die Menschenrechtskonvention haben sich zum Ziel gesetzt, sich über den kleinsten gemeinsamen Nenner zu verständigen, um den Prozeß dieser Klärung zu erleichtern.

Ob Gewalt so eindeutig zur „dunklen Seite“ der Macht gezählt werden kann, wie es eingangs den Anschein hatte, muß bei genauerem Nachdenken relativiert werden, denn ob ihr Einsatz „gut oder schlecht“ ist, hängt von den Umständen ab. Wie schon bei der Macht, erfolgt auch die Legitimation der Gewalt von außen oder von innen. Sie wird entweder durch Amt und Funktion, durch Gesetze, Reglements und Vereinbarungen festgelegt, und/oder der einzelne ist auf sein Gewissen angewiesen.

Der Einsatz von Gewalt bedarf der Legitimation durch ein Rechtssystem,
und/oder durch die geltende öffentliche Ethik,
und/oder durch das individuelle Wertesystem.

Ein paradoxer Effekt

Haben Jesus, Mahatma Ghandi oder Martin Luther King mit ihren Aufrufen zum Gewaltverzicht auf der Welt oder in ihrem Umfeld deutlich die Gewalt verringert, abgesehen davon, daß sie selbst daran zugrunde gegangen sind? Wie erklärt es sich, daß manche Organisationen, die sich den Frieden auf die Fahnen geheftet haben, zur Durchsetzung ihres Anliegens zu Gewaltmaßnahmen greifen? Ist nicht der Begriff „radikaler Pazifismus“ selbst schon paradox?

Die Antwort darauf kann mit den vorhandenen Überlegungen zur Machtausübung bereits gegeben werden: Wenn die Verfolgung eines Zieles zur unabänderlichen Größe wird, wenn ein Dogma errichtet wird, dann führt jeder Widerstand dagegen in letzter Konsequenz zur Gewalt. Wenn nun die Ausrottung der Gewalt ein Ziel ist, an dem mit allen Mitteln festgehalten wird, dann muß es bei Widerstand zwangsläufig zur Gewaltanwendung kommen. So erklärt sich *der paradoxe Effekt*, daß sich auch friedliebende Organisationen zuweilen in gewaltsamen Aktionen wiederfinden. Damit gerät ein ethisch hochstehendes und menschlich verständliches Anliegen in einen Teufelskreis.

In Untersuchungen konnte der *paradoxe Effekt* im Umgang mit Gewalt auch in seiner umgekehrten Wirkung aufgezeigt werden: Die Bereitschaft, sich notfalls auch gewaltsam zu wehren, kann den Ausbruch von Gewalt verringern. So hat man beispielsweise festgestellt, daß jene Frauen, welche Gewalt kategorisch ablehnen, häufiger mit gewalttätigen Übergriffen konfrontiert sind, als andere. Ändert sich ihre Einstellung, und versetzen sie sich etwa durch den Besuch von Selbstverteidigungskursen mental und körperlich in die Lage, sich notfalls auch gewaltsam zu wehren, so sinkt tatsächlich die Gewalt gegen sie in ihren Beziehungen und auch im öffentlichen Raum. Ähnliches gilt für die Wirkung der Exekutive auf radikalisierte Fußballfans: Allein ein großes Aufgebot an Polizisten, das Exzesse auch mit Gewalt verhindern könnte, sichtbar vor Ort und über die Medien präsentiert, reduziert Gewaltausbrüche. Auch die militärische Aufrüstung der Staaten wird so argumentiert, wobei zu bedenken ist, daß, wie bei allen Formen der Macht, natürlich auch in der Bereitschaft zur Verteidigung ein Potential zum Mißbrauch verborgen liegt.

Gewaltreduktion

Die passive Form der Gewaltvermeidung, die Verweigerung, führt keineswegs zu dem Ziel, die Gewalt vollständig zu eliminieren. Wenn man absolut nicht bereit ist Gewalt einzusetzen, muß man akzeptieren, daß man letztlich ein Teil von ihr werden könnte. Man würde konsequenterweise beim Gewaltverzicht bleiben und zum Märtyrer werden müssen, auch wenn andere Gewalt anwenden. Dadurch hat man aber die Gewalt nicht verringert, man hat nur selbst nicht aktiv daran teilgenommen.

Will man einen Beitrag zur Reduktion der Gewalt leisten, so sind drei Einsichten hilfreich: Erstens gilt es, seine eigenen Ziele beweglich zu halten, sodaß andere die Möglichkeit haben, sich mit ihren Wünschen einzubringen. Zweitens sollte der Wunsch nach Gewaltfreiheit nicht zu einem absoluten Ziel werden, weil sonst der „paradoxe Effekt" eintritt, und man gerade dadurch zu einem Teil der Gewalt wird. Drittens braucht man eine hohe Kompetenz im Umgang mit der Macht, damit Interessenskonflikte mit friedlichen Formen der Macht gelöst werden können, bevor es zum Einsatz von Gewalt kommt.

Es kann also kein gewaltfreies Leben geben, und es kann auch keine gewaltfreie Gesellschaft geben, weil den Menschen Interessenskonflikte immer wieder auch entgleiten werden. Das Maximum des Erreichbaren liegt wohl in einer ständigen Reduktion von Gewalt, ohne ihr gänzliches Verschwinden absolut zu betreiben. Darauf werden wir unter dem Titel „Maßvoll mächtig" im dritten Teil des Buches noch genauer eingehen.

Der paradoxe Effekt:
*Die **absolute** Ablehnung von Gewalt*
führt in letzter Konsequenz zu Gewalt.
Die Bereitschaft, notfalls zur Abwehr
auch Gewalt einzusetzen,
verringert den Ausbruch von Gewalt.

Anregungen zur Selbstreflexion

1. Wenn Sie in Ihrem Leben Erfahrungen mit offensichtlicher Gewalt gemacht haben, bewerten Sie diese unter den neuen Gesichtspunkten.

---

2. Klären Sie ab, ob unangenehme Erlebnisse mit der Macht möglicherweise versteckte gewalttätige Übergriffe waren.

---

3. Werden Ihnen mitunter massive Vorwürfe über Ihre Art sich durchzusetzen gemacht? Beurteilen Sie, ob manche Ihrer Verhaltensweisen gewalttätige Züge aufweisen – weil Sie Ihr Ziel bedingungslos durchsetzen wollen und weil Sie mit Ihren Handlungen die Integrität des Gegenübers gefährden.

---

4. Klären Sie bei in Ihren persönlichen Erlebnissen mit Macht-Mißbrauch die Frage der Übereinkunft und der Legitimation.

---

5. Klären Sie für sich die Frage, in welchen Situationen Zivilcourage notwendig ist und in welchen Sie ihren Zweck verfehlen würde.

TEIL III

MASSVOLL MÄCHTIG

Vom Wesen des Siegens

Kennst Du den anderen und kennst Du Dich selbst,
so bringen selbst hundert Kämpfe keine Gefahr mit sich.

Kennst Du den anderen nicht, aber kennst Du Dich selbst,
erzielst Du gleichwohl Siege wie Niederlagen.

Kennst Du weder den anderen noch Dich selbst,
wirst Du mit Sicherheit jede Schlacht verlieren.

Sun Tsu

1. Kapitel

Kalkül statt Gefühl

Ohne Macht geht es nicht, war unsere Erkenntnis im ersten Teil dieses Buches. Im zweiten Teil haben wir die theoretischen Grundlagen erarbeitet und können nun zur praktischen Anwendung übergehen. Die abschreckenden Beispiele von Macht-Mißbrauch und Macht-Exzessen müssen uns nicht länger daran hindern, einen eigenen Stil im Umgang mit der Macht zu entwickeln. Wir können das Maß und die Machtmittel selbst bestimmen und müssen dabei keineswegs unsere eigenen Werte verraten. Maßvoll mächtig zu sein bedeutet, Maßnahmen so zu setzen, daß man auch nach einer Aktion „noch in den Spiegel schauen" kann. Zudem verwenden wir unsere Kraft nicht mehr für nutzlose Versuche, andere Menschen zu ändern, sondern um Interessenskonflikte nachhaltig und mit möglichst geringem Kraftaufwand zu lösen. Die Mechanismen der Macht lassen sich in einer Weise in das eigene Leben integrieren, die eine Tabuisierung überwindet, ohne in Extreme auszuarten. Dieser maßvolle Umgang mit der Macht wurde in der Praxis schon mehrfach erprobt. Seminarteilnehmer und Coaching-Klienten haben bereits vor Erscheinen dieses Buches ihre Erfahrungen mit dem neuen Modell eingebracht, sodaß wir nicht bei philosophischen Überlegungen stehen bleiben müssen.

Zuviel Gefühl

Im Alltag erleben wir immer wieder, daß Menschen bei der Bewältigung ihrer Interessenskonflikte nahezu ausschließlich von ihren Gefühlen gesteuert werden. Angst vor Gesichtsverlust, Ehrgeiz, Jähzorn, Rache, Neid oder Haß sind oft die treibenden Kräfte hinter ihren Handlungen. Dann tun sie Dinge, die sie bei klarem Kopf so nicht gewollt hätten. Gar nicht selten sind den Menschen ihre zugrundeliegenden Gefühle jedoch nicht bewußt. Die Klärung einer Angelegenheit, die in fünf Minuten zu erledigen wäre, wird dann zu einem großen Problem, denn nicht die Sachfrage verhindert eine Lösung, sondern die Gefühlsebene. Das Ziel ist in diesem Fall nicht, einen Konflikt zu beenden und eine Lösung zu finden, sondern ein Ventil für die aufgestauten Emotionen zu finden. Der Schaden, den man dadurch beim Konfliktpartner wie auch bei sich selbst anrichtet, ist oft enorm.

Wenn jemand im Umgang mit der Macht wenig Erfahrung hat und von seinen Emotionen dominiert wird, sieht er oft nur zwei Möglichkeiten – Kampf oder Flucht. Bevor es hart auf hart geht, räumen die einen lieber sofort das Feld, während andere beim kleinsten Anlaß aggressiv werden, ohne an die Folgen ihres Handelns zu denken. Dann bereuen sie ihr Verhalten, können mit ihren Schuldgefühlen wieder nicht angemessen umgehen und prolongieren so den Konflikt. Diese „urwüchsige" Form der Machtausübung ist in jeder Hinsicht unökonomisch: einerseits ist die Lösung selten zufriedenstellend, und die Auseinandersetzung beginnt von neuem; andererseits steht der Kraftverbrauch in keinem Verhältnis zu dem äußerst kurzen Gefühl der Befriedigung.

Insgesamt sind Gefühle im Zusammenhang mit der Macht nur eingeschränkt brauchbar. Sie können dazu dienen, bei der Selbstreflexion mehr über die eigenen Motive zu erfahren oder man kann sie gezielt als Machtinstrument einsetzen. Gelegentlich kann man mit einem Gefühlsausbruch Aufmerksamkeit erregen, jemanden wachrütteln oder kurzfristig Angst erzeugen. Sich vorwiegend auf seine Emotionen zu verlassen, ist keine gute Voraussetzung, um bei Interessenskonflikten brauchbare und nachhaltige Lösungen herbei zu führen. Für einen maßvollen Umgang mit der Macht ist vielmehr ein gewisses Maß an Planung unerläßlich.

Strategisches Verhalten

Nur wenige Menschen wissen, wie man Angriffe gezielt abwehrt oder Ansprüche mit Bedacht durchsetzt. Um maßvoll mit der Macht umzugehen, braucht man besonders als Anfänger eine systematische Vorgangsweise. In der professionellen Planung werden dafür die Begriffe Strategie und Taktik verwendet. Strategie bedeutete ursprünglich „die Kunst der Heerführung" und Taktik „die Kunst der Anordnung und Aufstellung". Im übertragenen Sinn beschreiben beide „ein kalkuliertes, planmäßiges Vorgehen". Während die Strategie eher eine umfassende und längerfristige Planung umfaßt, meint man mit Taktik „ein geschicktes Ausnützen von Situationen" – konkret und kurzfristig. Im folgenden wird hier nur noch von Strategie die Rede sein, in der Bedeutung von „umfassender Planung einer Vorgehensweise".

Um eine Strategie zu entwickeln, brauchen wir eine gute Wahrnehmung, ein fundiertes Wissen über die Lage und die Fähigkeit, sich Szenarien in der Phantasie vorzustellen. Wir müssen über uns selbst und über den Gegner einiges in Erfahrung bringen: Welche *Quellen der Macht* haben wir selbst zur Verfügung und welche hat der Widerpart, auf welchem *Schauplatz* befinden wir uns, und nach welchen

Spielregeln sind daher die Machtinstrumente auszuwählen. Nicht zuletzt ist auch die gesellschaftliche und persönliche *Legitimation* für die gewählten Maßnahmen zu klären. Die Ergebnisse dieser Überlegungen werden kombiniert, um verschiedene Möglichkeiten für eine Auseinandersetzung zu erschließen. Alle sinnvollen Varianten werden in der Phantasie durchgespielt und auf ihre Wirkung überprüft.

Für manche Menschen ist es nicht einfach, sich dem Thema Strategie unvoreingenommen zu nähern, denn dieses wird von ihnen ambivalent erlebt. Auf der einen Seite gehört die Fähigkeit zu strategischem Denken in Politik, Wirtschaft und im Militär zu den Schlüsselqualifikationen der Führungskräfte. Es findet seine Anwendung bei der Planung von Unternehmen, Wahlkämpfen oder Manövern und natürlich auch im Umgang mit der Macht. Es macht wenig Unterschied, ob jemand als Naturtalent oder als Absolvent gezielter Managementtrainings zu dieser Kompetenz gekommen ist – Tatsache ist, daß strategisches Denken oft mehr Einfluß auf Karrieren im oberen Management hat, als Fachwissen oder soziale Kompetenz.

In anderen Bereichen unserer Gesellschaft wird strategisches Verhalten nicht so sehr geschätzt. Besonders in Sozialberufen, in Nonprofit-Organisationen und in privaten Beziehungen werden gute Strategen als kalt, berechnend oder undurchschaubar erlebt und deswegen abgelehnt. Viel höher im Kurs stehen dort Werte wie Spontaneität, Emotionalität und Authentizität. Dadurch wird auch verständlich, daß jemand gekränkt ist, wenn eine nahestehende Person sich ständig hinter Strategien versteckt, obwohl eine offene Begegnung erwünscht wäre. Es wird ebenso klar, daß jemand in beruflichen Auseinandersetzungen den kürzeren zieht, wenn er strategisches Verhalten prinzipiell ablehnt und ausschließlich auf Authentizität setzt. Wenn wir unsere Kompetenz im Umgang mit der

Macht verbessern wollen, dann bringen uns Urteile wie „richtig und falsch“, „gut und schlecht“ nicht weiter. Vielmehr müssen wir uns fragen, wann strategisches Verhalten angebracht und wann es störend ist. Zur Orientierung hilft ein Bild: Strategisches Verhalten erfüllt in unserer Kultur, in der Machtkämpfe immer weniger auf der körperlichen und immer mehr auf der mentalen-emotionalen Ebene ausgetragen werden, die Funktion einer Rüstung – es gibt Sicherheit und Schutz in gefährlichen Situationen. Daher ist es auch nur dann angebracht, wenn wir Grund zur Vorsicht oder zum Mißtrauen haben.

Die M. E. K.-Strategie

Ab dem Moment, an dem man Handlungen setzt, beginnt ein Prozeß, der durch Entscheidungen, Konsequenzen und Rückkopplung geprägt ist. Jeder Schritt hat Auswirkungen, die wieder die Grundlage für die nächste Entscheidung sind. Die folgende *Macht-Eskalation und Kontrollstrategie*, kurz *M. E. K-Strategie* genannt, zeigt systematisch alle Schritte auf, die wir für einen maßvollen Umgang mit der Macht brauchen. Ausgehend von unserer Definition: „Macht wird eingesetzt, wenn der Umsetzung eines Zieles ein Widerstand entgegengesetzt wird“, sind einige grundsätzliche Aspekte zu beachten. Der maßvolle Umgang mit der Macht erfordert vor allem Tugenden wie Disziplin, Geduld und Ausdauer. Auch wenn wir oft lieber eine Abkürzung nehmen oder unseren Emotionen freien Lauf lassen würden, müssen wir uns immer wieder an eine Struktur halten. Dies sind die selben Fähigkeiten, die gute Sportler von exzellenten Sportlern unterscheiden. Selbst bei schlechterer Kondition und Technik gewinnt letztlich derjenige, der bis zum Schluß die Nerven bewahren und seine Strategie verfolgen kann. Ähnliche Mechanismen sind auch bei einem Rechtsstreit oder bei der Bewerbung um eine begehrte Funktion wirksam.

Für den maßvollen Einsatz der Macht gehen wir in jeder Etappe bewußt und kontrolliert vor und lassen die Maßnahmen in einer zwingenden Reihenfolge ablaufen: 1. *Die gezielte Information,* 2. *Die konstruktive Verhandlung,* 3. *Der kontrollierte Kampf.* Die Maßnahmen werden schrittweise gesteigert, wobei der *geordnete Rückzug* immer wieder eine Option ist – sei es, um den Konflikt zu beenden oder um sich neu zu orientieren.

Wir unterscheiden zwischen Formen der friedlichen Machtausübung und dem Kampf. Bei der *gezielten Information* und der *konstruktiven Verhandlung* setzen wir zwar unsere Machtmittel ein, doch das Gegenüber bleibt immer noch ein Partner, dessen Integrität geachtet wird. Erst wenn das Ziel und der Widerstand gleichermaßen bestehen bleiben, haben wir als letzte Möglichkeit den *kontrollierten Kampf* zur Verfügung – und dieser sollte letztlich wieder zur Verhandlung zurückführen. Im Gegensatz zur „urwüchsigen" Anwendung der Macht bedeutet ein Sieg über den Gegner nicht, daß der Konflikt hier zu Ende ist. Ein Sieg dient nicht zur Überwältigung oder zum Diktat von Bedingungen. Er soll den anderen von der Notwendigkeit einer *konstruktiven Verhandlung* überzeugen, um eine für beide akzeptable Lösung zu finden.

Die eigene Niederlage ist bei einem *kontrollierten Kampf* kein Desaster, weil man sich nie zu weit vorgewagt hat und jederzeit durch einen *geordneten Rückzug* zu großen Schaden vermeiden kann. Sie dient entweder der Erkenntnis, daß man das Ziel aufgeben, oder daß man mit der Planung von vorne anfangen muß. Im ersten Fall gilt es, diese neue Realität zu akzeptieren und wirklich loszulassen, im zweiten Fall braucht man Zeit und Kraft, um den Konflikt auf einer anderen Ebene neu aufzurollen. Je größer die Kompetenz im Umgang mit der Macht wird, umso eher führen die friedlichen Formen zum Erfolg. Nur in wenigen Situationen wird man das letzte Mittel des *kontrollierten Kampfes* anwenden müssen. Mit diesem strategischen Verhalten kann man seinen Werten treu bleiben, kämpferische Auseinandersetzungen reduzieren und Interessenskonflikte vermehrt mit den friedliche Formen der Macht klären.

Abbildung 1 auf der nächsten Seite zeigt den Ablauf der *M. E. K-Strategie*, wobei die einzelnen Elemente und Fragestellungen in ihren dynamischen Verbindungen dargestellt sind und anschließend im Detail beschrieben werden.

Realitätsprüfung

Erinnern wir uns an die Mechanismen der Macht, so erkennen wir zwei Gründe für ihre Anwendung: die *Abwehr* von inakzeptablen Ansprüchen oder die *Durchsetzung* eigener Interessen gegen einen Widerstand. Die Motive dafür sind jedoch meist nicht von Anfang an klar zu erkennen. Wir treffen oftmals Entscheidungen und setzen Handlungen, obwohl wir noch nicht einmal genau wissen, worum es eigentlich geht – ganz wie ein Wiener Komiker pointiert bemerkte: „I waß zwoar net, wo i hinfoahr, oba dafür bin i g'schwinder duart.“ Was wir zu Beginn versäumen, kann jedoch später kaum mehr wettgemacht werden. Daher ist für einen maßvollen Umgang mit der Macht in jedem Fall eine *Realitätsprüfung* angebracht, bevor wir überhaupt eine Maßnahme setzen. Die Ergebnisse dienen als Entscheidungsgrundlage für die weitere Vorgangsweise.

Fremde Interessen überprüfen

Wenn jemand eine Handlung setzt, die wir nicht akzeptieren wollen, so können reale Ansprüche dahinter liegen. Ebenso kann es auch an unserer eigenen Fehlinterpretation

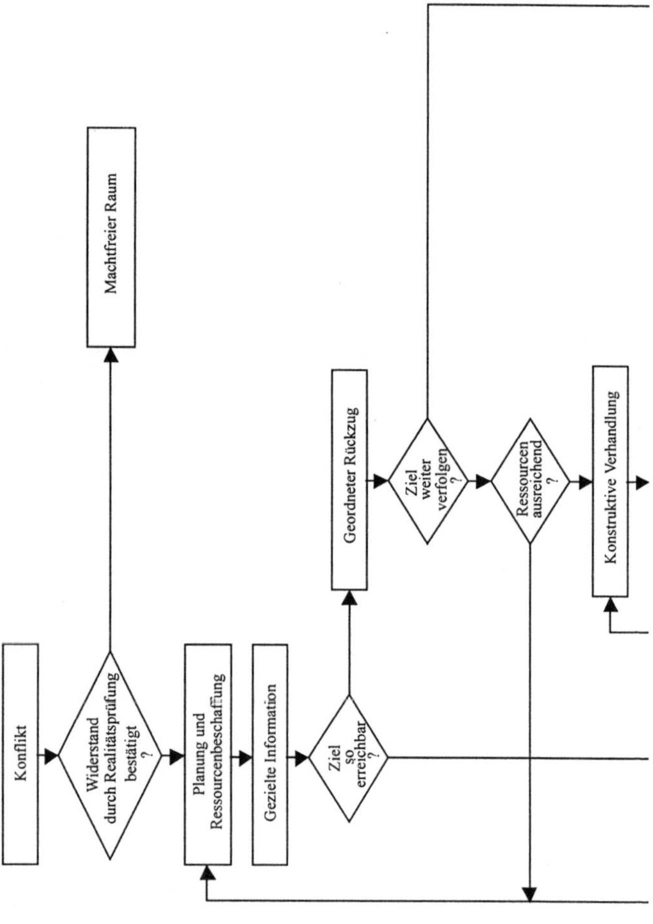
Konflikt
Widerstand durch Realitätsprüfung bestätigt ?
Machtfreier Raum
Planung und Ressourcenbeschaffung
Gezielte Information
Ziel so erreichbar ?
Geordneter Rückzug
Ziel weiter verfolgen ?
Ressourcen ausreichend ?
Konstruktive Verhandlung

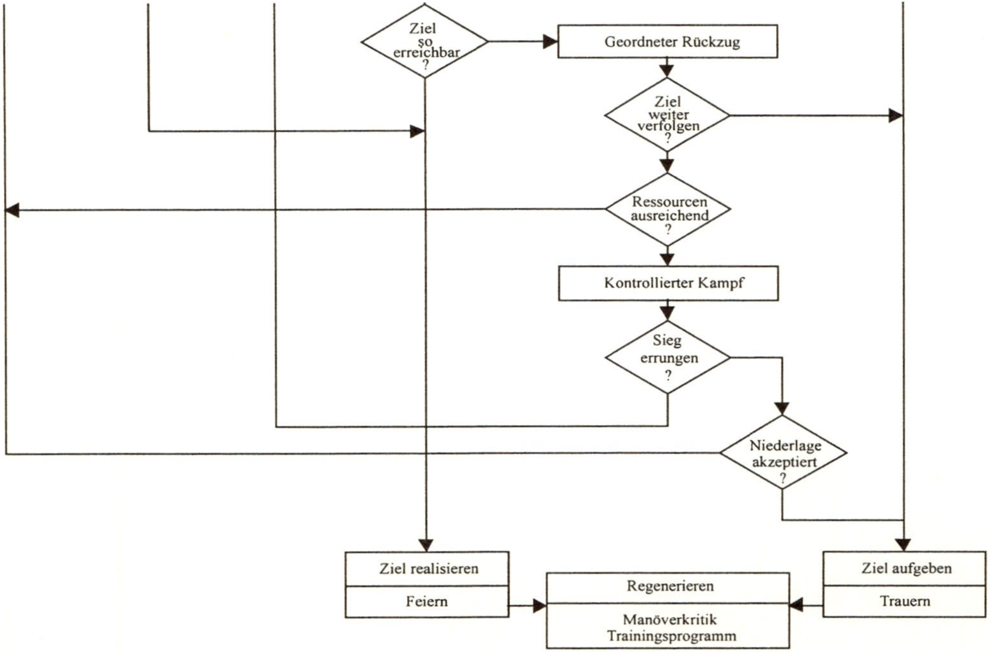

Abbildung 1: Ablauf der M. E. K.-Strategie, dargestellt als Flußdiagramm. Rechteck: Aktion; Raute: Fragestellung; Pfeil senkrecht: Antwort ist „Ja"; Pfeil waagrecht: Antwort ist „Nein"

liegen, daß wir ein Verhalten als unangebracht einstufen. Um dies zu überprüfen, brauchen wir Informationen über die Beweggründe des Gegenübers: Warum agiert diese Person so? Tut sie es aus Unaufmerksamkeit oder Versehen, aus Inkompetenz oder mit böser Absicht? Anstatt sich beleidigt zurückzuziehen oder aggressiv zu reagieren, starten wir mit Hilfe von *Testballons* eine *Realitätsprüfung*.

Beginnen wir, um das Prinzip darzustellen, mit einem ganz banalen Beispiel: Stellen wir uns vor, Person A tritt Person B auf den Fuß. Person B kann nun *die Grenze markieren* indem sie sagt: „Da stehe schon ich." Sie würde *Flagge zeigen*, wenn sie Körpersprache einsetzt, sich aufrichtet und die Augenbrauen erstaunt hebt. Will sie die Hintergründe genauer erforschen, kann sie *einen Spähtrupp aussenden*, und jemanden mit der Recherche beauftragen, ob das schon öfter passiert ist. Sie kann *einen Dritten befragen:* „Meinst du, da steckt mehr dahinter?" Vielleicht möchte B aber lieber eine *Mini-Provokation* starten und steigt dem Gegenüber ebenfalls – doch eher sachte – auf die Zehen. Wenn sie einen *Köder auswerfen* will, dann sagt sie beispielsweise: „Der untere Fuß ist meiner", und wenn sie ein *Zuckerl anbietet*: „Das hätte mir auch passieren können." Ist Person B gewandt in Kommunikationstechniken, kann sie auch eine *Andeutung auf der Metaebene* machen und sagen: „Es gibt Leute, die steigen anderen ständig auf die Zehen." Oder schärfer: „Es gibt Leute, die steigen anderen auf die Zehen und bemerken es nicht einmal." B kann auch *einen Schritt zurück machen*, also physisch ausweichen, doch nicht zu weit, denn sie muß immer noch beobachten können, was dann passiert. Fortgeschrittene geben eine *kontrollierte Gefühlsäußerung* von sich, sie schnauben leise oder verziehen dezent die Miene vor Schmerz. Ist A eine vertrauenswürdige Person, dann kann B auch den Versuch wagen, die Sache *direkt anzusprechen*: „Du bist mir eben auf die Zehen getreten, hat das einen bestimmten Grund?"

Testballons zur Realitätsprüfung:

- *Flagge zeigen*
- *die Grenze markieren*
- *einen Spähtrupp aussenden*
- *Dritte befragen*
- *eine Miniprovokation starten*
- *einen Köder auswerfen*
- *ein Zuckerl anbieten*
- *einen Schritt zurück machen*
- *eine Andeutung auf der Metaebene machen*
- *eine kontrollierte Gefühlsäußerung machen*
- *die Sache direkt ansprechen*

Mit Hilfe der Reaktionen auf die *Testballons* können wir unsere eigenen Projektionen, Vorurteile, Befürchtungen oder Vermutungen von realen Ansprüchen unterscheiden. Jemand, der im schroffen Verhalten seines Vorgesetzten einen persönlichen Angriff vermutet, erkennt möglicherweise bei einer *Realitätsprüfung,* daß das Benehmen des Chefs nur durch Streß hervorgerufen wurde. Die vermeintliche Beleidigung eines Kollegen entpuppt sich bei näherer Betrachtung vielleicht als eine etwas unbeholfene Form von Humor. Oft halten wir eine Aktion für einen aggressiven Akt, oder einen Anspruch für unzumutbar, während bloß Irrtum vorliegt.

Damit die *Testballons* nicht einfach als Spontanreaktion verpuffen, sondern als *Realitätsprüfung* wirksam werden, folgt nun der nächste wichtige Schritt: Nach der Aktion müssen wir besonders aufmerksam auf die Reaktionen des Gegenübers achten. Diese können uns wesentliche Einsichten in die Beweggründe des anderen vermitteln. Wenn jemand unabsichtlich einen anderen verletzt, so wird er sich entschuldigen. Das gleiche wird der Fall sein, wenn es aus Ungeschicklichkeit oder Überschwang passiert. War es allerdings Absicht, so wird die Reaktion auf die *Realitätsprüfung* dies entlarven. Durch diese Erkenntnisse gewinnen wir die Grundlagen für unsere Entscheidungen und einen gewissen Handlungsspielraum.

Hat die Realitätsprüfung etwa ergeben, daß ein Mißverständnis vorliegt, so kann man die Angelegenheit als erledigt betrachten. Man wird die Entschuldigung annehmen oder darüber hinwegsehen. Es bedarf keiner weiteren Maßnahmen. Ist man zu dem Schluß gekommen, daß man das Verhalten des Gegenübers als inkompetent, irrational oder unbewußt einstufen muß, dann sollte man Begegnungen in Zukunft eher meiden. Hat sich durch die *Testballons* jedoch herausgestellt, daß eindeutige Absichten vorliegen – seien sie böse oder kokett – und wir diese nicht akzeptieren wollen, so liegt ein Interessenskonflikt vor und wir müssen unsere Macht einsetzen. Dann gilt es, eine Entscheidung über die notwendigen Maßnahmen vorzubereiten.

Asiatische Kampftechniken verfügen für solche Situationen über eine brauchbare Regel, die in etwas abgewandelter Form auch für unsere *Realitätsprüfung* hilfreich ist: Der erste Angriff kann aus „Blindheit“ geschehen, der zweite aus „Blödheit“, erst beim dritten Mal wird gehandelt, denn dann steckt „Bösheit“ dahinter.

Eigene Interessen überprüfen

Weil wir uns manchmal selbst auf das Glatteis führen, ist auch bei der Durchsetzung eigener Interessen eine *Realitätsprüfung* angebracht. Zuweilen fassen wir Ziele ins

Auge, ohne sie zu hinterfragen und unsere wahren Absichten vor uns selbst offen zu legen, oder wir verlieren das Maß bei der Wahl der Machtmittel. Führen wir daher gleich zu Beginn der Zielplanung einen *Selbsttest* durch und stellen die grundsätzliche Frage: „*Warum* will ich das überhaupt?“ Während uns die Antworten auf die klassischen Fragen „Was, Wieviel, Wann, Wo und Wie“ meist nicht schwer fallen, ist die Suche nach dem „Warum“ unter Umständen problematischer. Hat jemand sich zum Ziel gesetzt, spätestens bis Jahresende eine Gehaltserhöhung um 20 % zu erreichen, so sind die Fragen nach dem Was, Wieviel und Wann damit beantwortet. Aber nun sollte er sich noch einige persönliche Fragen stellen: „Warum will ich eigentlich eine Gehaltserhöhung? Weil alle Menschen Gehaltserhöhungen bekommen? Weil ich neidisch bin oder geldgierig? Weil es einfach wieder einmal an der Zeit wäre? Weil ich möchte, daß meine Leistung anerkannt wird? Und was passiert wenn ich scheitere?“

Die ehrliche Antwort darauf kann zu überraschenden Ergebnissen führen, denn hinter jeder Antwort steht ein Wert oder eine Schwäche. Da die eigenen Motive nicht immer nur „ehrenwert“ sind, vermeiden viele Menschen diese Phase, weil sie befürchten, daß die damit verbundene Selbsterkenntnis sie bei der Durchsetzung ihrer Interessen stören würde. Das Gegenteil ist jedoch der Fall: Wenn man seine eigenen Schwächen und „unedlen“ Seiten kennt und diese integrieren kann, werden die Ziele realistischer. Man braucht nicht soviel Kraft zur Verdrängung und gewinnt so an Durchsetzungsstärke. Manchmal ist es hilfreich, für diese Phase eine neutrale Person zu Rate zu ziehen. Das kann ebenso ein guter Freund, eine gute Freundin sein wie ein Berater oder Coach.

Bevor wir eigene Interessen durchsetzen, überprüfen wir diese mit drei Fragen:

Selbsttest zur Realitätsprüfung:

Motivation:	*Warum will ich dieses Ziel erreichen?*
Hintergründe:	*Kann ich die „unedlen" Motive integrieren?*
Sicherheitsnetz:	*Wenn ich das Ziel nicht erreiche, was wäre das zweitbeste Ergebnis?*

Ressourcenbeschaffung

Erst wenn wir mit den Antworten auf die eigene Realitätsprüfung zufrieden sind, planen wir die Maßnahmen, mit denen wir von unserer Macht Gebrauch machen wollen. Bevor wir allerdings Handlungen setzen, müssen wir sie noch auf ihre Umsetzbarkeit überprüfen. Wir klären, ob wir die Mittel haben, eine Sache bis in die letzte Konsequenz durchzustehen. Aus welchen Quellen beziehen wir unsere Macht? Wieviel Geld, Know-how, Rückendeckung oder Mitstreiter haben wir zur Verfügung? Welchen Ersatz können wir schaffen, wenn unvorhergesehene Dinge eintreten? Neben dem Wissen um unsere eigenen Ressourcen müssen wir auch in Erfahrung bringen, welche Machtinstrumente der Gegner hat. Dazu gibt es in der großen Politik die Geheimdienste und in Unternehmen die guten Kontakte. Es gilt, durch Beobachtung und Recherche möglichst viel über den Handlungsspielraum und die Gewohnheiten des Gegners zu erfahren, um die Strategie optimal wählen zu können. Wenn wir den Gegner nicht sehr genau kennen, brauchen wir gute Spione und verschwiegene Vertraute, die uns diese wertvollen Einblicke vermitteln.

Stellen wir uns vor, jemand hätte dem Chef die Wünsche nach Gehaltserhöhung klar und gut begründet vorgelegt. Was ist aber, wenn dieser nicht darauf eingeht? Womit kann man nachsetzen? Welche Möglichkeiten gibt es, eine länger dauernde Auseinandersetzung durchzustehen? Welche weiteren Argumente stehen zur Verfügung? Wie lange kann man eine abwehrende Haltung des Chefs verkraften? Wie reagiert man auf unsachliche Argumente? Ist er aufbrausend? Neigt er dazu, Bittsteller abzuwimmeln? Verunsichert er gerne sein Gegenüber?

Wenn wir jetzt das Ziel, die Beweggründe sowie die eigenen und fremden Machtinstrumente kennen, müssen wir unser Vorhaben noch absichern. Wir konstruieren verschiedene Szenarien mit allen Informationen, die wir über die Situation gesammelt haben. Wir gehen noch einmal alle Schritte durch und kommen zur Einschätzung der Hindernisse und Risken. Was kann alles schief gehen, wo liegen die Schwachstellen? Was ist, wenn mich meine Vertrauten im Stich lassen, wenn ich den Gegner falsch eingeschätzt habe, wenn mir die Luft ausgeht? Ein „worst case scenario" ist der wichtigste Teil der Absicherung. Was ist im schlimmsten Fall zu tun? Wie rette ich meinen Kopf, wenn wirklich alle Stricke reißen? Welche Alternativen gibt es? Es bewahrt uns vor Enttäuschungen und Angst, wenn wir auch für die schlimmste Variante eine Lösungsmöglichkeit entwickelt haben, mit der wir zur Not leben können. Erst dann sollte die erste Etappe der Maßnahmen beginnen.

Kontrollierte Eskalation

Im Gegensatz zur „urwüchsigen" Form der Machtausübung wird bei der *M. E. K-Strategie* die Eskalation nicht dem Zufall oder den Emotionen überlassen. Die einzelnen Maßnahmen werden nur schrittweise gesteigert und dazwischen liefert der *geordnete Rückzug* immer wieder Gelegenheit für rationale Entscheidungen. Damit können wir den Ablauf eines Machteinsatzes kontrollieren.

Die gezielte Information

Liegt ein Interessenskonflikt vor, so ist die erste Maßnahme die Information. Sowohl zur Abwehr als auch zur Durchsetzung von Ansprüchen muß das Gegenüber noch einmal deutlich über die Fakten und/oder Hintergründe der eigenen Meinung aufgeklärt werden. Man informiert sein Gegenüber über den eigenen Standpunkt und zeigt ihm seine Grenzen. Auch wenn wir nicht gewohnt sind, es so zu sehen: Ab hier beginnt bereits der Einsatz von Macht und nicht erst, wenn wir kämpfen.

Die Art, wie wir unsere Information abgeben und einholen, muß sich nach den Spielregeln des *Schauplatzes* richten. Der Ehemann, der seine Frau knapp informiert, wann und was er essen möchte, verletzt möglicherweise ebenso die Spielregeln, wie die Abteilungsleiterin, die ihren Mitarbeitern lang und breit ihre emotionale Befindlichkeit erklärt. *Zielgerichtet* ist eine *Information* dann, wenn Umfang und Ebene dem Wertesystem des *Schauplatzes* angepaßt sind.

Im Alltag eskalieren Interessenskonflikte häufig aufgrund von mangelnder Information: Der Chef sagt nicht genau, was er vom Mitarbeiter eigentlich möchte, und dieser reagiert verärgert, weil er die neuen Anforderungen nicht versteht. Die Frau sagt ihrem Mann nicht deutlich, wie ihr Standpunkt zu einem Wohnungswechsel ist und läßt ihn im unklaren, bis er wieder einmal eine einsame Entscheidung trifft. Eltern oder Lehrer informieren Kinder nicht ausreichend über ihre Grenzen und reagieren mit

Vorwürfen, wenn diese überschritten werden. In unserem Verständnis bedeutet das, daß jemand seine Macht nicht maßvoll wahrgenommen hat. Durch die fehlende Information entsteht ein Machtvakuum, das von anderen nichtsahnend gefüllt wird. Stellt sich dann heraus, daß hier doch Ansprüche bestanden haben, ist der Konflikt vorprogrammiert.

Ein weiterer Fehler könnte sein, daß wir zwar genügend Informationen über uns selbst abgegeben, aber zuwenig vom anderen eingeholt haben. Diese Phase ist der günstigste Zeitpunkt im Interessenskonflikt, um sich eingehend über die Hintergründe des Gegenübers zu informieren, wenn wir maßvoll mit der Macht umgehen wollen. Dazu kann man die Technik der *Testballons* vertiefen, um herauszufinden, *warum* jemand Ansprüche stellt. Mit diesem Wissen lassen sich unterschiedliche Interessen oft auf einem einfachen Weg ausgleichen.

Gezielte Information bietet zwar keine Garantie auf Erfolg, aber doch eine ernstzunehmende Chance, rechtzeitig eine Lösung zu finden und so einen *Machtkampf* zu vermeiden. Das gilt ebenso bei Beziehungsproblemen, wie bei Konflikten im Wirtschaftsleben und bei divergierenden Interessen in der Politik oder auch zwischen Staaten.

Die konstruktive Verhandlung

Nehmen wir an, die gezielte Information hat keine Lösung des Konfliktes gebracht, und man hat sich entschieden, seine Interessen weiter zu verfolgen, so ist die Verhandlung der nächste Schritt. Dieser wird oft übersprungen, weil viele Menschen entweder die Technik nicht beherrschen, oder weil es ihnen an „Kondition“ mangelt. Oft behindert allerdings auch ein starkes Gerechtigkeitsgefühl die Bereitschaft, in Verhandlungen einzutreten. Wenn jemand nämlich meint, mit seinen Ansprüchen im Recht zu sein, dann will er mitunter die Sache lieber gleich in einem Kampf austragen und sieht keine Veranlassung zu Verhandlungen – ja er empfindet sie sogar als demütigend.

Im maßvollen Umgang mit der Macht muß die *Verhandlung* allerdings *konstruktiv* geführt werden. Das setzt voraus, daß wir immer noch an einer Lösung interessiert sind, die für beide Partner annehmbar ist. Wenn wir in Verhandlungen erleben, daß der Partner seine Interessen bedingungslos durchsetzt, ohne sich um die Folgen für den anderen zu kümmern, dann handelt es sich bereits um eine verdeckte Kampftechnik.

Will man konstruktiv verhandeln, muß man wissen, was man dem Partner anzubieten hat und ob dieser das auch brauchen kann. Das können gute Argumente sein, Gegenleistungen oder Hilfestellungen. Ebenso muß man sich vor Beginn einer *konstruktiven Verhandlung* darüber klar werden, worauf man bereit ist, zu verzichten und wo genau die absolute Grenze liegt. Bei der Gehaltsverhandlung könnte man zwei Überstunden anbieten, eine zusätzliche kleine Aufgabe übernehmen oder ein Geschäft vermitteln. Man könnte einen späteren Zeitpunkt akzeptieren oder mit einer geringerer Summe einverstanden sein.

Wer die Technik des Verhandelns trainieren möchte, kann das mit Hilfe von Büchern, Seminaren oder im Coaching tun, denn dazu existiert ein ausführliches Bildungsangebot. In einigen Berufen gehört sie zur Grundanforderung, und Rechtsanwälte, Politiker wie Manager verfügen darin meist über hervorragende Qualitäten. Oft nützt ihnen diese Fähigkeit allerdings nur in einzelnen Bereichen ihres Berufslebens, während sie bei Streitigkeiten in privaten

Beziehungen oder in der Mitarbeiterführung nicht hilfreich ist. Die Verhandlungskompetenz allein reicht noch nicht aus, um im Umgang mit der Macht erfolgreich zu sein, denn zusätzlich braucht man ganz besonders in dieser Phase ein umfassendes Verständnis der Machtmechanismen. Spätestens wenn die Angebote in einer Verhandlung vorliegen, beginnen sich die unterschiedlichen Spielregeln der *Macht-Schauplätze* auszuwirken. Kann man bei einem Kunden einen Fehler mit einem Gutschein wiedergutmachen, wird hingegen die Lebenspartnerin, der Partner für ein Fehlverhalten eine ausführliche Erklärung der Hintergründe erwarten. Kann man Kinder auf ein nächstes Mal vertrösten, weil man heute keine Lust zum Spielen hat, wird hingegen der Vorgesetzte für einen geplatzten Termin stichhaltige Beweise haben wollen. Wenn wir die unterschiedlichen Wertesysteme der *Schauplätze* nicht beachten, kommt es leicht zu einem unpassenden Angebot und damit zu einem Scheitern der Verhandlung. *Konstruktives Verhandeln* erfordert von allen Beteiligten eine hohe Bereitschaft, trotz unterschiedlicher Interessen und trotz des Einsatzes von Machtinstrumenten, eine gemeinsame Lösung zu finden.

Der kontrollierte Kampf

Wenn die friedlichen Maßnahmen der *gezielten Information* und der *konstruktiven Verhandlung* gescheitert sind, und wenn man sich nicht für einen *geordneten Rückzug* entschieden hat, dann bleibt als letzte Möglichkeit nur noch der *Kampf*. Damit ist nicht ein irrationales, „blindes Wüten“ gemeint, denn dieses würde bedeuten, daß einem die Situation entglitten ist oder daß mit der Macht nicht maßvoll umgegangen wird. Wir überlegen gut, ob das angestrebte Ziel einen Kampf wert ist, und lassen uns dabei nicht von Emotionen wie Rachegefühle, gekränkte

Ehre, Neid oder Haß leiten. Oft macht es mehr Sinn, die Gefühle mit sich selbst ins reine zu bringen, sie mit einem Freund oder einem Berater zu bearbeiten, als sich auf einen Kampf einzulassen. Dieser bringt für das Gefühlsleben meist keine Erleichterung, sondern neue Verletzungen. Hat man ihn gewonnen, wird man wahrscheinlich mit der Rache des Verlierers oder mit eigenen Schuldgefühlen konfrontiert werden. Hat man eine Niederlage erlitten, muß man erst mit der Enttäuschung und dem Schaden fertig werden.

Wir erwarten üblicherweise von einem Kampf, daß ein Sieg zur Erreichung der Ziele führt. Der Sinn des *kontrollierten Kampfes* ist jedoch ein anderer: Ein Sieg ist hier nicht das Ende des Interessenskonfliktes, an dem der Gegner nun die Bedingungen annehmen muß, die wir vorgeben. Ein Sieg im *kontrollierten Kampf* ist ausschließlich dazu da ist, um den Gegner davon zu überzeugen, daß die *konstruktiven Verhandlungen* wiederaufgenommen werden müssen.

Diesem Thema ist das ganze nächste Kapitel gewidmet. Hier schließen wir zunächst noch die Beschreibung der *M. E. K-Strategie* ab.

Der geordnete Rückzug

Viele Anfänger des Machtstudiums geben ihr strategisches Verhalten auf und werfen die Flinte ins Korn, wenn Information oder Verhandlung nicht gleich zur Klärung des Konfliktes führen. Sie verlieren die Nerven und fallen auf die Ebene der „spontanen Reaktion" zurück. Die einen geben dann klein bei, während die anderen es mit Gewalt versuchen. Flucht ist jedoch eine überstürzte, chaotische Spontanreaktion, die aus Angst oder aus Erschöpfung passiert. Man möchte nur noch weg aus der Situation, auch um den Preis, daß man dabei alles verliert. Unter dem Motto: „Rette sich, wer kann!“ gibt man alle Strukturen und strategischen Überlegungen auf, agiert nur noch instinktiv und „rennt um sein Leben“.

Tatsächlich besteht, sofern man rechtzeitig damit beginnt, in jeder Phase der Machtausübung die Möglichkeit für einen *geordneten Rückzug.* Dabei nimmt man zwar vorläufig Abstand von seinem Ziel, vermeidet dadurch aber größeren Schaden und bringt seinen Besitz, seine Informationen, seine Kontakte oder seine Ehre rechtzeitig aus der Gefahrenzone. Beim *geordneten Rückzug* bleibt man im strategischen Denken und rettet soviel wie irgendwie möglich ist. Man braucht allerdings noch genug Kraft, um die entsprechende Vorgangsweise zu planen und durchzuführen, und geht dann auch nur soweit zurück, daß man wieder starten kann, wenn die Voraussetzungen besser geworden sind. Diesen Schachzug versäumen viele Menschen, weil sie den Zeitpunkt falsch einschätzen, oder weil ihr persönliches Wertesystem einen Rückzug mit Feigheit gleichsetzt.

Angenommen, das eigene Angebot in der *Verhandlung* war gut überlegt und entsprach den *Spielregeln*, doch der Interessenskonflikt geht trotzdem weiter. Vereinbarungen wurden zwar getroffen, dann aber nicht eingehalten, die Bereitschaft zu verhandeln wurde ausgenützt, und es werden immer neue Forderungen gestellt. Die nachgiebige Haltung wird als Schwäche gedeutet und mit Verachtung beantwortet. Wenn *Verhandlungen* zu keinem Ende kommen, wenn nach ihrem Abschluß eine unangenehme Stimmung das Klima vergiftet, oder wenn sich Unverläßlichkeiten wiederholen, dann ist der *geordneten Rückzug* die letzte Gelegenheit, sich *friedlich* zu trennen und einen Kampf zu vermeiden.

Integration der Erfahrungen

Während der gesamten Durchführung der beschriebenen Maßnahmen ist mehrmaliges Innehalten nötig, um die Zwischenergebnisse zu überprüfen. So kann es sinnvoll sein, in einer Verhandlung die Pausen zu nützen und nachzuspüren, ob man sich noch auf dem Weg zum ursprünglichen Ziel befindet: „Wie weit bin ich mit meiner Strategie bis jetzt gekommen? Hat mich vielleicht der Gegner bereits von meinem Terrain verdrängt, ohne daß ich es überhaupt bemerkt habe?“ In dieser Phase ist es hilfreich, auch auf seinen „Bauch“ zu hören, denn das bewußte Wahrnehmen von Körperempfindungen oder Stimmungsschwankungen kann interessante Aufschlüsse liefern. Wenn man etwa während einer Verhandlung Kopfschmerzen oder Magenkrämpfe bekommt, wenn man sich wütend, traurig oder hilflos fühlt, so können das Hinweise auf Botschaften sein, die uns auf der bewußten Ebene der Kommunikation entgangen sind. Je nach Ergebnis der Zwischenbilanz korrigieren wir dann das Ziel oder die Strategie.

Ist der Konflikt gelöst, gehen die meisten Menschen gleich zur Tagesordnung über oder stürzen sich in die nächste Aktion. Damit wir die Erfahrungen nutzen können, sollten erreichte Ziele ausgiebig gefeiert werden. Zudem ist das die Gelegenheit, allen Helfern zu danken und so die Verbindung zu ihnen zu stärken. Doch auch nicht erreichte Ziele verlangen entsprechende Aufmerksamkeit und Trauerarbeit. Die damit verbundenen Gefühle von Enttäuschung, Wut oder Minderwertigkeit brauchen Gelegenheit, um sich auszudrücken. Dafür kann man sich alleine Zeit nehmen, oder sich von guten Freunden Trost und Zuspruch holen.

Doch egal wie ein Konflikt ausgegangen ist, in jedem Fall müssen wir auch eine Regenerationsphase einplanen, um die Anstrengung zu verarbeiten und die verbrauchten

Kräfte wieder aufzubauen. Kein Leistungssportler würde sich ohne Erholungspause sofort nach einem entscheidenden Wettkampf in einen nächsten stürzen. In der Praxis bedeutet das, daß wir nach einer großen Aktion weitere Machteinsätze eine Zeit lang hintan halten, bis wir wieder in guter Form sind.

Am Ende eines jeden Interessenskonfliktes sollte man sich Zeit nehmen, um das Geschehen Revue passieren zu lassen. Bei erfolgreicher Aktion geht es um die Fragen: Warum ist meine Strategie aufgegangen? Was hat besonders gut geklappt? Auf wen kann ich mich verlassen? Worauf kann ich stolz sein? Was kann ich nächstes Mal noch besser machen? Hat man einen Mißerfolg erlitten, ist eine „Manöverkritik“ angebracht: Wo habe ich etwas übersehen? Wo habe ich mich ablenken lassen? Wo war meine Achillesferse? Was möchte ich besser machen? Mit dem Wissen um die Schwachpunkte und der Bereitschaft dazu zu lernen, lassen sich das nächste Mal kritische Situationen leichter bewältigen.

Möglicherweise entsteht nun der Eindruck, daß strategisches Verhalten gegenüber der spontanen Handlung im Nachteil sei, und daß die geforderte Komplexität der Abläufe ein schwerfälliges und langsames Verhalten bewirke. Das ist jedoch keineswegs so. Was hier so ausführlich geschildert wird, läuft in der Praxis oft in wenigen Momenten ab. Während eines wichtigen Gespräches können Sekunden der Besinnung ausreichen, um den nächsten Schritt strategisch zu erfassen. Andererseits kann eine solche Planung, etwa bei einer Scheidung oder bei einer Trennung von einem Unternehmen, auch Stunden und Tage in Anspruch nehmen.

Manche Teilnehmer der Machtseminare fühlten sich nach dieser Lektion wie der Tausendfüßler, der ins Stolpern kommt, nachdem er sich seiner vielen Beine bewußt geworden ist. Auch der Umgang mit der Macht scheint zu Beginn kompliziert zu sein. Jede Kompetenzerweiterung unterliegt den Gesetzmäßigkeiten des Lernens, und da gehören Phasen der Frustration und der Verunsicherung dazu. Verwechselten wir in der Fahrschule noch die Bremse mit der Kupplung, so müssen wir heute beim Autofahren keinen Gedanken mehr darauf verschwenden. Auch im Umgang mit der Macht werden Routinefälle nach einiger Zeit souverän abgewickelt. Die Prozesse laufen automatisch ab und verlangen keine besondere Aufmerksamkeit mehr. Wann immer jedoch neue Anforderungen entstehen, kann man die *M. E. K-Strategie* wieder heranziehen und mit ihrer Hilfe die nächste Stufe der Kompetenz entwickeln.

Auch eine gewissenhafte *strategische* Planung und eine *maßvolle* Durchführung bieten keine Garantie auf Erfolg. Selbst bei bester Vorbereitung und größter Umsicht kann man sich irren oder können sich die Dinge anders entwickeln. Hat man die Lage jedoch gründlich durchdacht, sind im Falle einer Niederlage die Enttäuschung und auch der Schaden nicht so groß. Die Chancen sind wesentlich besser, gesetzte Ziele auch wirklich zu erreichen. Wurde das grundlegende Prinzip verinnerlicht, kann man mit Hilfe der *M. E. K-Strategie* jederzeit klären, wo ein Interessenskonflikt zu einem bestimmten Zeitpunkt steht und die nächsten Entscheidungen treffen.

Anregungen zur Selbstreflexion

1. Überlegen Sie, ob Sie eher zu authentischem oder zu strategischem Verhalten tendieren und woraus Sie das schließen.

---

2. Überprüfen Sie anhand der *M. E. K-Strategie*, welche Fragestellungen Ihnen vertraut und welche neu für Sie sind.

---

3. Überprüfen Sie anhand des *M. E. K-Strategie*, mit welchen Etappen im Ablauf eines Interessenskonfliktes Sie keine Erfahrungen haben und welchen Sie üblicherweise überspringen.

---

4. Bewerten Sie Ihre Kompetenz im Bereich der friedlichen Formen der Machtausübung auf einer Skala von 1–5 und planen Sie je nach Ergebnis Ihr Trainingsprogramm.

Realitätsprüfung	1	2	3	4	5
Gezielte Information	1	2	3	4	5
Konstruktive Verhandlung	1	2	3	4	5
Geordneter Rückzug	1	2	3	4	5

5. Können Sie Ihre Erfolge feiern, und wenn nicht, was machen Sie statt dessen?

---

6. Haben Sie Erfahrung, wie Niederlagen zu betrauern sind, und wenn nicht, was machen Sie statt dessen?

---

7. Wissen Sie, wie Sie sich von Zielen und Wünschen loslösen können, und wenn nicht, wie gehen Sie statt dessen damit um?

---

8. Haben Sie ein funktionierendes Regenerationsprogramm, mit dem Sie nach großen Belastungen physisch und psychisch wieder auftanken können?

---

2. Kapitel

Die Kunst des Kämpfens

Vielen Menschen mangelt es an Kampfkompetenz und Wissen. Sie verharren nach den ersten beiden Schritten – Informieren und Verhandeln – in einer Pattsituation. Ein Rückzug erscheint ihnen nicht sinnvoll, weil sie das Terrain nicht aufgeben wollen oder können. Den Kampf können sie nicht führen, weil sie sich vor Verletzungen fürchten und keine gezielten Techniken kennen. Diese Vermeidung erzeugt jedoch keinen harmonischen Zustand sondern ein Spannungsfeld, das oft bis zur Selbstschädigung, zum Burn-Out, zum psychischen oder physischen Zusammenbruch führt. Solche Situationen mitsamt ihren verheerenden Auswirkungen kann man im Alltag unter anderem bei Scheidungsprozessen oder bei Mobbing am Arbeitsplatz beobachten.

Daß das Kämpfen in unserer Gesellschaft überwiegend negativ bewertet wird, hat im wesentlichen drei Gründe: Zum ersten ist der Kampf als extreme Form der Machtanwendung von der Tabuisierung besonders stark betroffen. Die historischen und gesellschaftlichen Ursachen dafür wurden schon im ersten Teil des Buches beschrieben. Macht-Mißbrauch war in der Geschichte immer wieder an eine Verherrlichung des Kampfes gekoppelt. Die nachfolgenden Generationen konnten die Vergangenheit nicht bewältigen, sondern mußten sie pauschal verdrängen und auch den Kampf mit einem Tabu belegen.

Ein weiterer Grund, warum die *Kunst des Kämpfens* lange verbannt war, liegt im Vordringen der Frauen ins Berufsleben. Da diese ihre Spielregeln vom Schauplatz *Haus* mitbrachten und verwirklichen wollten, wurde vorerst das Thema Kampf am *Markt* und in der *Burg* zurückgedrängt. Die Männer achteten auf ihre Wortwahl, um nicht als Machos zu gelten, die Sprache wurde weiter „gesäubert" und von den letzten kämpferischen Anklängen befreit.

Der dritte Grund liegt in den persönlichen Lebenserfahrungen und Werten vieler Menschen: Einige schreiben dem friedliebenden Verhalten einen so hohen Stellenwert zu, daß sie überzeugt sind, mit ihrem Verzicht auf das Kämpfen einen Beitrag für eine bessere Welt zu leisten. Andere haben in ihrer persönlichen Geschichte Kämpfe nur in ihrer extremen Zerstörungskraft erlebt. Sie verbinden damit ausschließlich negative und angstmachende Gefühle, sodaß sie sich mit der Frage der Zweckmäßigkeit gar nicht auseinandersetzen können.

Insgesamt wird in unserer Gesellschaft der Kampf nicht als adäquates Mittel zur Lösung von Konflikten betrachtet. Berichte aus alten Kulturen weisen darauf hin, daß die Einstellung dazu früher anders war. Da gab es Prinzipien und Regelsysteme, die einzuhalten waren, und Schulen, in denen man diese erlernen konnte und mußte. Kämpfen zählte nicht nur zum Handwerk, es wurde sogar als „Kunst" betrachtet. Auch für uns „moderne" Menschen ist es wichtig zu begreifen, daß ein Kampf notwendig, ja sogar nützlich sein kann. Oftmals kann allein ein Kampf verkrustete Strukturen aufbrechen, eine eingeschlafene Beziehung zum Leben erwecken, Illusionen in Realitätsgefühl verwandeln oder Größenwahn relativieren. Im Volksmund gilt der Spruch vom „reinigenden Gewitter" auch für zwischenmenschliche Beziehungen, doch nur wenige stellen sich darunter einen „klärenden", gut geführten Kampf vor.

Weltverbesserer

Die Tabuisierung, die Ablehnung und die Verdrängung des Kämpfens haben nicht zu einer Verringerung der kämpferischen Auseinandersetzungen geführt – nicht in der Weltpolitik, nicht in der Wirtschaft und nicht in den persönlichen Beziehungen. Wenn Verhandlungen nichts bringen, wird nach wie vor gekämpft – es ist nur nicht „in", es offen zu tun, und es wird nicht darüber gesprochen. Dadurch ist es viel schwieriger geworden, einen Kampf als solchen zu erkennen. Er wird meist verdeckt geführt, oder er versteckt sich hinter scheinbar friedlichen Maßnahmen. Auch Menschen, die für sich beschlossen haben, nicht zu kämpfen, geraten privat oder beruflich immer wieder in Situationen, die ihnen keine andere Wahl lassen. Wenn sie nicht ständig ihre eigenen Ziele aufgeben oder gar selbst zugrunde gehen wollen, bleibt ihnen letztlich nur der Kampf.

„Die Welt ist doch nur so schlecht wegen der ständigen Machtspiele und Kämpfe – man kann doch Verhältnisse, die man ablehnt, auch friedlich verändern", könnte man hier einwenden. Natürlich kann man Bedingungen verändern – die Frage ist nur, ob sich der Aufwand lohnt und ob das Ziel realistisch ist. Viele Menschen stehen mit einer Art von „Sendungsbewußtsein" an ihrem Arbeitsplatz und wollen die Menschen verbessern. Doch es muß ihnen klar sein, daß sie damit einen pädagogischen oder therapeutischen Auftrag erfüllen, für den sie allerdings nicht bezahlt werden, wenn sie etwa in einem gewinnorientierten Konzern als Controller beschäftigt sind. Bestenfalls wird man sie daran nicht hindern und ihnen das „Privatvergnügen" gönnen, eine kampffreie Zone aufzubauen und sich dafür auch noch mehr anzustrengen als die anderen. Hat man mit viel Mühe dann die Bedingungen am Arbeitsplatz verändert, ist man oftmals enttäuscht, wenn der Nachfolger seine Macht wieder nach den alten Regeln ausübt, und man keinen nachhaltigen Effekt erzielt hat. Besonders große Organisationen werden durch solche Aktionen in keiner Weise beeinflußt.

Stellen wir uns vor, jemand findet, daß Boxen ein grausamer Sport ist. Anstatt sich fernzuhalten, beschließt er, das zu ändern. Er geht in einen Boxverein, arbeitet sich dort mit viel Mühe zum Präsidenten hinauf und verändert die Bedingungen grundlegend: Anstelle der brutalen Kämpfe wird nun eine wunderschöne Performance aufgeführt, statt zu boxen bewegen sich die Sportler in Zeitlupe, ohne den Gegner zu berühren. Vielleicht ist er oder sie damit sogar erfolgreich und spricht ein neues Publikum an – doch daneben würde wieder ein Boxverein entstehen für alle, die eben boxen wollen.

Man kann zwar auf die Umgebung Einfluß nehmen, um die Welt zu verbessern oder die Menschen zu ändern. Viele verwenden ihre Kraft lieber dafür, als für ihre eigenen Interessen zu kämpfen. Doch meist hat man viel weniger Einfluß auf die Dynamik in großen Systemen, als man glaubt oder wünscht. Dann hat man weder für sich noch für die Welt einen Effekt erzielt. Aus diesen Gründen benötigen wir dringend einen neuen Zugang zum Kampf als einer extremen Form der Machtanwendung.

Selbstdisziplin

Noch vor einigen Jahrzehnten war es für Manager und Politiker selbstverständlich, Schulungen in „generalstabsmäßiger Planung“ und „Kampfrhetorik“ zu absolvieren, um an der Front zu bestehen. Die Methoden waren aus dem Militär entlehnt und wurden durch die Erkenntnisse brillanter Logiker wie beispielsweise Schopenhauer ergänzt.

Doch dann verschwanden kämpferische Fortbildungsmaßnahmen nahezu vollständig aus den Trainingsprogrammen. Heute vermitteln Kommunikationsseminare, in denen man Informations- und Verhandlungstechniken oder Konfliktmanagement erlernen kann, überwiegend Methoden aus der psychologischen Beratung. Da geht es um Themen wie Vertrauen aufbauen, Fairneß, aktives Zuhören, Sensibilität, Verständnis, Konsensbildung und sanfte Überzeugung. Diese dienen der Vermeidung von Kampfmaßnahmen und erwecken damit den Eindruck, daß sie ihn restlos ersetzen könnten. Sie sind jedoch nur solange sinnvoll, wie alle Partner noch bereit sind, ihre Ziele zugunsten einer gemeinsamen Lösung zu verändern. Da das nicht immer der Fall ist, müßte man als nächstes kämpfen. Um jedoch einen maßvollen Umgang mit der Macht zu pflegen, müßte man imstande sein, einen *kontrollierten Kampf* zu führen.

Ab der Entscheidung zum Kampf wird jemand, der eben noch ein Partner war, für die Dauer des Konfliktes zum „Gegner". Damit ändern sich auch die Spielregeln grundlegend, denn ein Kampf endet mit Sieg oder Niederlage – da heißt es nur noch „Ich oder der andere". Bevor nun ein Mißverständnis entsteht, sei deutlich festgehalten, daß das keineswegs bedeutet, sich brutal oder unmäßig zu verhalten – ganz im Gegenteil. Doch wer kämpft, muß damit leben können, daß der andere oder man selbst eine Enttäuschung, eine Verletzung oder einen materiellen Verlust erlebt – daß es einen Verlierer gibt. Auch beim *kontrollierten Kampf* geht es darum, zu gewinnen, er unterscheidet sich allerdings in einigen Punkten vom „urwüchsigen" Kampf und gehört zur hohen Schule der Machtstrategen.

Die oberste Tugend eines maßvollen Kämpfers ist die Selbstbeherrschung. Er läßt sich niemals von seinen Emotionen hinwegreißen – nicht vom Zorn und nicht von der Liebe. Er ist nicht zimperlich in der Wahl seiner Mittel, doch er agiert bedächtig und kann den Kampf sofort beenden, wenn der Anlaß beseitigt ist oder der Gegner Verhandlungsbereitschaft zeigt. Er verfügt über ausreichende Ressourcen und die Bereitschaft zum Selbstschutz. Die zerstörerische Kraft des Kampfes ist ihm bewußt, und er setzt ihn nur als letztes Mittel ein – wenn alle anderen Möglichkeiten versagt haben und das Ziel es wert ist. Er kann die menschlichen Konsequenzen, die seine Handlungen auslösen, absehen, verantworten und ertragen. Seinen Sieg verwendet er nicht dazu, um seine Ziele rigoros durchzusetzen oder um den Gegner zu demütigen, sondern zur Wiederaufnahme der *konstruktiven Verhandlung*. Eine eigene Niederlage kann er emotional verarbeiten, ohne Rachegelüste zu entwickeln. Er ist ein ebenso guter Verlierer wie Gewinner.

Einen *kontrollierten Kampf* zu führen bedeutet also, die eigenen Emotionen zu beherrschen. Ein bekannter Rechtsanwalt pflegte seinen neuen Klienten die Gewissensfrage zu stellen: „Wollen Sie kämpfen oder wollen Sie gewinnen?" Diejenigen, die den Kampf nur als Ventil für ihre Emotionen benutzen wollten, schickte er zum Psychotherapeuten. Mit denen, die den Kampf gezielt als Mittel zur Konfliktlösung einsetzen wollten, errang er spektakuläre Erfolge. Nicht der Rachefeldzug oder die Bestrafung sollte das Ziel eines *kontrollierten Kampfes* sein, sondern die rasche Rückkehr zur Verhandlung oder zur Information, um den Interessenskonflikt zu beenden und den Schaden so gering wie möglich gehalten. Mit einiger Übung in der Kunst des Kämpfens kann man die Methoden der Gegner rascher durchschauen und auch rechtzeitig erkennen, wenn ein verdeckter Kampf geführt wird. Man wird auch in der Lage sein, maßvoll darauf zu reagieren und die eigenen Interessen zu vertreten.

Inventur in der „Waffenkammer"

Die Kunst des Kämpfens besteht nicht darin, mit sanften „Methoden" zu agieren, sondern diejenigen auszuwählen, die bei geringstem Schaden die größte Wirkung haben. Nach unserer *Macht-Eskalation und Kontrollstrategie* heißt die Reihenfolge der Maßnahmen: *Information*, *Verhandlung*, *Rückzug* und erst als letzter Schritt der *kontrollierte Kampf*. Doch das bedeutet nicht, daß sich alle daran halten. Konfliktpartner können beispielsweise vorgeben, immer noch zu verhandeln, obwohl sie in Wirklichkeit bereits kämpfen und den anderen mit allen Mitteln „fertig machen" wollen. Dies tun sie jedoch verdeckt, so daß dieser möglichst lange in gutem Glauben bleibt und leichter „über den Tisch gezogen" werden kann. Daher muß man lernen, sich mit allen Mitteln zu schützen, denn die Menschen sind oft trickreich, und ihre Techniken bestehen auch aus Überrumpeln, Tarnen oder Täuschen. Möglicherweise muß man sich manchmal selbst für eine verdeckte Technik entscheiden, weil für einen offenen Kampf die Ressourcen fehlen.

Welche „Waffen" wir selbst bei einem Kampf bevorzugen, und welche wir bei anderen erkennen können, hängt von unserem Temperament und unserer Erziehung ab. Ersucht man Menschen, ihre drei bevorzugten Kampftechniken zu nennen, so haben nur wenige darauf sofort eine Antwort parat. Sie finden keine Worte oder meinen, über keine Kampftechniken zu verfügen. Das liegt oft daran, daß sie diesen Teil ihres Verhaltens tabuisiert oder verdrängt haben. Doch jeder Mensch verfügt über ein Repertoire an „Waffen", denn jeder hat bei Interessenskonflikten schon gekämpft, er hat sein Verhalten vielleicht nur nicht als Kampf bezeichnet. Fragt man allerdings nach drei Kampftechniken, die jemand anderer bei Auseinandersetzungen verwendet, gelingt es schon eher, das kämpferische Verhalten beim Namen zu nennen.

In unserer Gesellschaft werden Kämpfe hauptsächlich über die Kommunikation abgewickelt. Doch diese ist nur eine Abstraktion von Kampftechniken, wie wir sie auch in einem Western oder einem Kriegsfilm beobachten können, denn Kämpfe auf der mental-emotionalen Ebene folgen den selben Prinzipien wie auf der physischen. So wie jeder beliebige Gegenstand als Waffe verwendet werden kann, kann auch jedes Verhalten zur Kampftechnik werden. Abhängig von der geltenden Ethik werden offene, passive oder verdeckte Methoden eingesetzt. Machen wir einen Blick in die „Waffenkammer" der Menschen des 21. Jahrhunderts, so finden wir dort drei Kategorien vor.

Kampftechniken

Manche der Verhaltensweisen, die hier als Waffen angeführt wurden, könnten ebenso mit friedlichen Absichten in einem Gespräch eingesetzt werden oder Ausdruck eines ehrlichen Gefühls sein. Der Unterschied ergibt sich nur durch die Tatsache, ob man noch in einer Partnerschaft zueinander steht oder bereits in einer Gegnerschaft. In einem konstruktiven Verhältnis ist es beiden wichtig, daß eine Lösung für alle akzeptabel ist, während in einer Gegnerschaft nur noch das eigene Ziel von Bedeutung ist und eine Schädigung des anderen in Kauf genommen wird.

Alte wie neue Autoren schreiben bei ihren Erkenntnissen über die Macht hauptsächlich über den verdeckten Kampf – über Lügen und Betrügen, über Listen und Intrigen. Viele Leser empfinden das als Frontalangriff auf ihr Wertesystem und wollen sich nicht weiter mit diesem Thema beschäftigen. Doch niemand kann damit rechnen, niemals kämpfen zu müssen. Man wird höchstwahrscheinlich auch Menschen begegnen, die „mit allen Wassern

Offene Kampftechniken

konfrontieren, beschimpfen, demütigen, einschüchtern, aus der Reserve locken, attackieren, abwehren, überrollen, anklagen, kritisieren, abdrängen, überraschen, schmähen, provozieren, aufhetzen, von Versorgung abschneiden, belagern, zerstören, drohen, erschrecken, angst machen, demonstrieren, zermürben, auflauern, aushungern, festnageln, sich verbeißen, sich anklammern

Passive Kampftechniken

schweigen, sich entziehen, mauern, sich verweigern, sich zurückziehen, sich tarnen, stumm leiden, auflaufen lassen, nicht mitdenken, Fehler nicht korrigieren, blockieren, sich verstecken, sich verschanzen, ins Leere laufen lassen, ignorieren, sich tot stellen, abschalten, keine Miene verziehen, sich opfern

Verdeckte Kampftechniken

abwerten, kontrollieren, moralisieren, vereinnahmen, vernebeln, manipulieren, intrigieren, täuschen, einen Hinterhalt legen, spionieren, bestechen, in Sicherheit wiegen, vertrösten, beschwichtigen, beschönigen, abwimmeln, ablenken, Atmosphäre vergiften, verunsichern, unterwandern, jammern, aussaugen, eine Nebenfront aufmachen, Unbeteiligte hineinziehen, Gerüchte ausstreuen, übertreiben, Vorwürfe oder Schuldgefühle erzeugen gewaschen" sind. Daher ist es sinnvoll, die inneren Widerstände zu überwinden und einen Blick in die „Waffenkammer" der Machtkönner zu werfen, ohne gleich moralisch die „Nase zu rümpfen". Welche Methoden zur Anwendung kommen, muß letztlich jeder Mensch für sich selbst entscheiden.

Informationsquellen

Will man sich genauer über die *Kunst des Kämpfens* informieren und mehr darüber lernen, so braucht es einige Kreativität, um geeignete Quellen zu finden. Eine Möglichkeit bietet die Lektüre über Macht und Kriegskunst: Machiavelli im Original – nicht in den Varianten für Frauen oder moderne Manager – oder Sun Tzu, Bismarck oder Schopenhauers Dialektik. Die Prinzipien der *Kampfkunst* lassen sich gut in historischen Filmen, in alten Western, in Karatefilmen, in klassischen Dramen oder Opern nachvollziehen. Auch fernöstliche Philosophien bieten reichhaltiges Material. Zumindest zum Zwecke der Selbstverteidigung wird da noch grundlegende Information über das Kämpfen vermittelt.

Um Kampftechniken auch am eigenen Körper zu erleben, eignet sich der Besuch eines Selbstverteidigungskurses. Wer Bezug zum Sport hat, kann sich die Informationen auch von dort holen. Sportarten, bei denen eine gegnerische Mannschaft „geschlagen" werden soll, verfügen noch über die ursprünglichen kämpferischen Begriffe für ihre Taktiken. Eine weitere Quelle kann das Schachspiel sein, das nicht umsonst das Spiel der Könige genannt und von guten Strategen geschätzt wird.

Mit der Enttabuisierung des Machtthemas beginnt sich auch die allgemeine Einstellung zum Kämpfen allmählich zu verändern. Es gibt wieder Kursangebote wie Kampfrhetorik und harte Verhandlungstechniken. Auch Selbstverteidigungskurse und Durchsetzungstrainings für Frauen erhalten regen Zuspruch.

Männer kämpfen anders, Frauen auch

Männer und Frauen haben unterschiedliche Lektionen zu lernen, wenn sie sich die Kunst des Kämpfens aneignen wollen. Das herrschende Rollenverständnis unterscheidet immer noch klar zwischen den „Waffen einer Frau“ und den Machtmitteln der Männer. Über die rollenspezifischen Unterschiede wurde hinreichend geforscht und berichtet. Ob es an der Biologie oder an jahrtausendelanger Praxis liegt, ist nicht entscheidend – Tatsache ist, daß die meisten Männer mit dem Kampf selbstverständlicher umgehen als Frauen. Was diese erst mühsam erlernen müssen, haben Männer „im kleinen Finger“. Weil sie sich auch öfter auf Kampfschauplätzen aufhalten, bekommen sie zusätzlich noch Gelegenheit zur Perfektionierung ihrer Techniken.

Zur Kunst des Kämpfens zählt auch der gekonnte Umgang mit den Insignien der Macht. Sie signalisieren dem anderen gleich von Anfang an, wer hier was zu sagen hat. Nach wie vor zeigen Männer damit viel mehr Geschick als Frauen. Diese messen den Statussymbolen meist weniger Bedeutung zu, ja sie lehnen es geradezu vehement ab, sich an diesen „lächerlichen“ Spielen zu beteiligen. Bei der Beförderung kämpfen sie nicht um den Dienstwagen der nächst höheren Klasse oder um die neue Einrichtung für ihr Büro und legen mehr Wert auf ihre inhaltliche Kompetenz. Manchmal verweigern sie aus moralischen Gründen die Teilnahme am Machtspiel von vorne herein und geben sich der Illusion hin, daß sie diese Mechanismen allein durch ihre persönlichen Anstrengungen außer Kraft setzen könnten. Doch im heutigen Berufsleben wirkt sich diese Einstellung durchaus zu ihrem Nachteil aus, denn wenn eine Frau sich hier nicht durchsetzt, traut man ihr auch sonst nicht viel „Biß“ zu. Wenn sie zum Meeting nicht mit dem Mercedes, sondern mit dem Golf vorfährt, hat sie sich in der informellen Rangordnung bereits hinten eingereiht.

Mit zweierlei Maß

Frauen, die sich im Berufsleben bewähren wollen, scheitern meist nicht an ihrer Kompetenz, sondern an ihrer Art zu kämpfen. Sie setzen sehr wohl zur Lösung von Konflikten ihre Macht ein und sie kämpfen auch, wenngleich mit anderen Mitteln und aus anderen Gründen wie die Männer. Am Arbeitsplatz nehmen sie oft große Nachteile in Kauf und vermeiden Situationen, in denen sie kämpfen müßten, bloß um ein harmonisches Klima aufrecht zu erhalten. Sie kennen die Spielregeln der Macht nicht, die in ihrem Unternehmen gelten, und sie verstehen meist auch nicht, für welche Ziele es sich dort lohnt zu kämpfen. Meist bleibt ihnen nur die *Macht der Gefühle,* mit der Frauen am Schauplatz *Haus* jahrhundertelang erfolgreich agieren konnten. Doch diese wird im Berufsleben verachtet oder ganz gezielt als subtile Kampftechnik eingesetzt.

Die Doppelbelastung der berufstätigen Frau entsteht nicht nur durch die Menge der Arbeit, sondern vor allem dadurch, daß sie „mit zweierlei Maß messen“ soll – mit einem für den Beruf und einem anderen für zu Hause. Hat eine Frau kleine Kinder und zugleich eine höhere Position, die sie zwingt, „an der Front“ zu stehen, dann ist die Diskrepanz enorm. Viele schaffen eben diesen täglichen „Spagat“ zwischen zwei konträren Wertesystemen nicht und behalten lieber auch im Beruf ihr soziales Verhalten bei, anstatt die *Kunst des Kämpfens* zu erlernen.

Dadurch bleiben ihnen höhere Positionen verwehrt. Allenfalls geben sie unterhalb der „gläsernen Decke“ in Unternehmen die „Mamis“ oder den erotischen Aufputz ab und sorgen dafür, daß sich alle wohl fühlen. Das erledigen sie natürlich modern und intelligent – in neue Machtsphären werden sie so jedoch nicht vordringen.

Wenn Frauen neue Kompetenzen im Umgang mit der Macht erlangen, dann sollten sie nicht glauben, daß sie grundsätzlich gegen die Männer kämpfen müßten. Vielmehr brauchen sie eine prinzipielle Bereitschaft, sich gegen jeden und jede gleichermaßen durchzusetzen, die eine Umsetzung der eigenen Ziele behindert, auch auf die Gefahr hin, daß es in letzter Konsequenz zu einem Kampf kommt.

„Kriegs“-Veteranen

Viele Männer werden im Laufe ihres Berufslebens zu sehr guten Kämpfern, weil das in unserer Kultur eine Grundvoraussetzung für den Erfolg zu sein scheint. Doch diese Entwicklung hat oft eine unangenehme Nebenwirkung: das „mentale Kriegsveteranensyndrom“. Wenn jemand ständig nur in Kategorien des Kämpfens denkt, wenn er ausschließlich damit beschäftigt ist, den Gegner zu durchschauen, zu besiegen und sich selbst zu schützen, dann vergißt er bald, was im Frieden gebraucht wird. Er kann sich nicht freuen, nicht entspannen, nicht spielen, nicht tanzen. Seine sexuellen Bedürfnisse werden immer exzessiver oder versiegen ganz. Er kann den offenen Austausch von Gefühlen nicht ertragen und befindet sich auch im Privatleben ständig auf der Hut, auf der Flucht oder in Angriffsposition.

Dieses Verhalten wurde noch bis vor kurzem als typisch männlich beschrieben. Die Wissenschaft suchte nach biologischen Gründen dafür. In Partnertherapien und Selbsterfahrungsseminaren beklagten sich Frauen über Männer, die sich so verhielten. Seit einigen Jahren tritt dieses mentale Kriegsveteranen-Syndrom auch bei Frauen auf, eher noch vereinzelt, doch mit steigender Tendenz. Vereinzelt haben Frauen, die lange genug im Berufsleben stehen und eine Machtposition erreichen konnten, gelernt, ihr Wertesystem und ihr Verhalten dem *Schauplatz* anzupassen. Plötzlich können auch sie nicht mehr aufhören zu kämpfen, und es sind nun ihre Lebenspartner, die sich darüber beklagen.

Kriegsheimkehrer aus dem Golfkrieg absolvierten in den USA aufwendige Resozialisierungsprogramme zur Behandlung des echten Veteranen-Syndroms. Sie sollten ihre traumatischen Erlebnisse verarbeiten, die Kampfgewohnheiten ablegen und ein angemessenes Verhalten für Friedenszeiten erlernen. Ein ähnliches Programm brauchen wir im übertragenen Sinn auch, denn viele Menschen bewegen sich täglich vom Privatleben in den beruflichen Kampfplatz und wieder zurück. Dieser rasche Wechsel zwischen den „Welten" erzeugt einen wesentlich größeren psychischen Druck, als bisher angenommen. Seit Beginn der Emanzipationsbewegung wird von den Männern erwartet, daß sie diesen Übergang von der Front ins Wohn-, Schlaf- oder Kinderzimmer problemlos schaffen. Wenn sie versagen, wird ihnen böse Absicht oder Unfähigkeit unterstellt. Erst seit Frauen auch mit diesen Anforderungen konfrontiert sind, beginnen sie zu verstehen, was einem „draußen" abverlangt wird. Es stellt sich heraus, daß auch ihnen das Pendeln zwischen „Krieg und Frieden" nicht leicht fällt.

Der „Kampfanzug"

Wie im Indianerstamm oder am königlichen Hof wird die Bekleidung auch in unserer Kultur sowohl als Ausdruck einer Machtposition als auch zum Schutz verwendet. Jede

Branche und jede Ebene hat ihre eigenen „Dress-Codes". Techniker unterscheiden sich von Universitätsprofessoren und Banker von Ärzten im allgemeinen auch durch ihre Art sich zu kleiden. Dabei gilt, daß die Wahlfreiheit mit der Höhe der Funktion oder der Präsenz in der Öffentlichkeit abnimmt. Am strengsten sind die Regeln der Macht-Insignien im Management und in der Politik. Die männliche Top-Führungskraft „an der Front" trägt einen ungemusterten dreiteiligen Anzug mit hellem Hemd. Dieser symbolisiert Rüstung und Rangordnung. Durch die „kugelsichere Weste" zeigt der Träger, daß er im Falle eines Kampfes geschützt ist. Der Eindruck wird noch verstärkt durch eine Krawatte, die als „Kehlschutz" dient. In unserer Zeit sind die Farben der Macht in den oberen Rängen der Hierarchie von Politik und Wirtschaft Schwarz, Dunkelblau und Dunkelgrau, im Militär das bekannte Schlammgrün. Nur im Klerus signalisieren auch Rot oder Violett ranghöhere Positionen. Mit der Wahl des richtigen „Kampfanzugs" muß es oft gar nicht zu einem Kampf kommen, denn manches wird durch die entsprechenden Signale schon im Vorfeld entschieden. Falls doch ein Kampf notwendig wird, ist dieser mit der passenden Ausrüstung, sprich Kleidung wesentlich leichter zu führen.

Früher waren die Regeln für die Bekleidung der Männer unumstößlich und wurden bereits von kleinen Jungen internalisiert. Seit einigen Jahren werden die „Dress-Codes" zunehmend liberalisiert. Neueste Publikationen jubeln über die erfolgreichen Unternehmer im New Business, den Branchen im Bereich der neuen Medien. Unter anderem wird bewundert, daß sie sich nicht an Bekleidungsvorschriften halten, daß sie im T-Shirt und in Jeans tolle Geschäfte machen. „Kompetenz durch legere Kleidung" lauten die Schlagzeilen sogar in Tageszeitungen. Man versucht, den Irrtum der „Anzug- und Krawattentradition" aufzudecken und möchte beweisen, daß man auch auf diese Weise erfolgreich sein kann. Mit dem Wissen um die *Schauplätze* und die *Quellen* erkennen wir jedoch, daß jemand, der ein Wissensmonopol hat und Feinde nicht fürchten muß, andere Freiheiten genießt als etwa ein Linienmanager in einer Bank. Diese Situation erschwert nun auch für Männer die Orientierung, und stellt sie vor die selbe Frage, die Frauen immer schon bewegte: „Was ziehe ich heute an?" Mit dieser neuen Freiheit verlieren nun auch die Männer ihr sicheres „Rüstzeug" in der Kunst des Kämpfens.

Die Busineß-Lady

Bekleidungsvorschriften am Arbeitsplatz sind in vielen Berufen geschlechtsneutral. Die Chirurgin, die Richterin, die Polizistin trägt dieselbe Kleidung wie ihre männlichen Kollegen. Diese ist zweckdienlich und signalisiert ganz klar die Macht der Funktion. Doch dort, wo Frauen die Kleidung frei wählen können, versagen sie oft kläglich, denn sie haben noch nicht durchschaut, welche unausgesprochenen Spielregeln gelten. Ausgerechnet im Geschäftsleben will die Diskussion über die „Dress-Codes" für Frauen nicht enden. Da bemühen sich renommierte Zeitschriften seit Jahrzehnten ein Bild von der Business-Lady zu entwikkeln – und propagieren eine Modetorheit nach der anderen. Im mittleren Management kämpfen Frauen in Transparentblusen und superkurzen Röcken für ihre sexuelle Identität an einem Schauplatz, wo diese nicht gefragt ist. Dies erzeugt immer noch den Eindruck, als würden Frauen nur arbeiten, um einen Mann zu finden, der sie versorgt. Daß diese Wirkung gerade von der Frauenbewegung hartnäckig geleugnet wird, trägt nicht eben zum Erfolg emanzipierter Frauen bei. Mit ihrer Kleidung signalisieren sie ständig, daß sie sich nicht ganz auf die Spielregeln der Arbeitswelt einlassen wollen und immer noch ein Hintertürchen offen haben: „Eigentlich müßte ich ja nicht arbeiten." Mit dieser Einstellung – und nicht weil sie theoretisch Kinder bekommen könnten – nehmen sie sich für wirkliche Machtpositionen aus dem Rennen.

Seit dreißig Jahren versuchen Frauen das Gegenteil zu beweisen, doch wie man sieht mit wenig Erfolg. Frauen, die keine Lust mehr haben, die Schuld dafür den Männern anzulasten, beginnen nun schon seit einiger Zeit, die Spielregeln der Macht zu durchschauen und ihr Verhalten danach auszurichten. Sie haben damit vielleicht nicht mehr Erfolg als andere, aber sie brauchen dafür eindeutig weniger Kraft. Daher ist es für Frauen besonders vielversprechend, ihre Einstellung zu revidieren und sich Kompetenzen auch in der Kunst des Kämpfens anzueignen, denn oft ist dieses Manko das einzige, das sie an der Gleichberechtigung im Beruf hindert.

Daraus ergeben sich eindeutige Konsequenzen. Für den konkreten Fall müssen die Details auf die Situation abgestimmt werden, doch es gilt eine allgemeine Richtlinie: Wenn Frauen eine Top-Funktion innehaben oder wenn sie wichtige Verhandlungen zu führen haben, müssen sie für einen Kampf gerüstet sein. Der „Kampfanzug" muß zumindest „zweilagig" sein, in kritischen Situationen auch „dreilagig". Zur Wahl stehen klassische Kombinationen mit Sakko oder Jacke – keine Muster, keine Rüschen, Asymmetrien oder sonstiger Blickfang. Darunter eine Bluse oder ein Top, nicht figurbetont und mit dezentem Ausschnitt. Als Krawattenersatz und „Kehlschutz" dient ein Halstuch oder eine kurze Kette. Schmuck wird grundsätzlich äußerst sparsam eingesetzt, er klappert und funkelt nicht. Die Haare sind gebändigt und dienen nicht als erotisches Signal, die Schuhe geben Standfestigkeit und Halt. – Das ist insgesamt kein fröhlicher Anblick, doch der Preis für einen professionellen und kräfteschonenden Umgang mit der Macht. Hunderte Frauen haben diese Vorgaben getestet und mußten – zum Teil widerwillig – die Zweckmäßigkeit dieser Spielregeln akzeptieren.

Alte und neue Kampfmethoden

„Versteh einer die Frauen", seufzen Männer am Stammtisch und „Was will das Weib?" schrieb der Vater der Psychoanalyse. Es ist wirklich nicht einfach, zu durchschauen, was Frauen mit ihren Gefühlsausbrüchen ausdrükken wollen. Zur Ehrenrettung der Männer sei gesagt, daß auch die Frauen selbst erst jetzt beginnen, ihr eigenes Verhalten zu hinterfragen und Rechenschaft darüber abzugeben. Der Schlüssel zu Decodierung ist jedoch ganz simpel: Frauen verwenden den Ausdruck von Gefühlen einerseits um Nähe zu erzeugen und einen machtfreien Raum zu eröffnen, doch manchmal auch, um subtil und blitzschnell einen kleinen Kampf zu führen. Wenn ein Mann beginnt sich zu entspannen, ist die Gelegenheit günstig, ihn mit Forderungen oder Vorwürfen zu überrumpeln. Frauen haben es zur Meisterschaft in verdeckten Kampftechniken gebracht, denn sie konnten bis in unsere Zeit ohne Mann nicht überleben, und deswegen war an einen offenen Kampf nicht zu denken. Dieses Verhalten hat ihnen zwar den Ruf der Unberechenbarkeit eingetragen und mitunter auch der Unzurechnungsfähigkeit, doch es ist immer noch wirksam. Es ist zu erwarten, daß manche Feministinnen gegen diese Ansicht protestieren werden. Das muß uns nicht weiter wundern, denn jeder gute Krieger würde versuchen, seine Strategien geheim zu halten. Doch langsam könnten die Frauen von ihrem geschichtlich bedingten Partisanenkampf ablassen und sich offenen Auseinandersetzungen stellen, ohne gleich wie Jeanne d'Arc zu enden. Die äußeren Bedingungen sollten inzwischen soweit gediehen sein, daß eine solche Vorgangsweise möglich ist.

Zusätzlich brauchen sie ein größeres Bewußtsein darüber, daß sie ihre Gefühle als Waffe verwenden, wenn sie jemanden überfordern, ihm zu nahe treten, ihn bloßstellen oder zuviel voraussetzen. Sie müßten sich auch andere Kampftechniken aneignen und Kenntnis darüber erlangen, wie diese im Beruf einzusetzen sind. Dann könnten sie ihre Macht maßvoll und effektiv einsetzen und müßten einen *kontrollierten Kampf* nicht scheuen.

Damit aus dem „urwüchsigen" Kampf eine Kunst wird, brauchen auch Männer ein Extratraining. Viele müßten sich um mehr Augenmaß bemühen und könnten sich mit Hilfe der *M.E.K-Strategie* vom wilden Landsknecht zu einem Musketier mit der feinen Klinge entwickeln. Zusätzlich brauchen sie mehr Übung im Wechsel zwischen Turnierplatz und Kemenate. Wenn sie nicht als einsame Kämpfer sterben wollen, müssen sie lernen, die Rüstung auch manchmal abzulegen und das Festgewand anzuziehen.

Manche Männer, die den „sanften Weg" gewählt haben, leiden unter mangelndem Erfolg oder Überbelastung. Sie müßten herausfinden, ob diese Zustände eine Folge von zu geringer Kampfbereitschaft sein könnten. Ihr Lernprogramm wäre dann dem der Frauen sehr ähnlich. Insgesamt sollten Männer die Kampftechniken der Frauen durchschauen können und in der Lage sein, angemessene Gegenstrategien zu entwickeln. Beide Geschlechter benötigen mehr Verständnis für die Probleme, die ein häufiger Wechsel zwischen „Krieg und Frieden" für Frauen und Männer gleichermaßen erzeugt.

Anregungen zur Selbstreflexion

1. Anhand der Kästen auf der Seite 169 können Sie eine Inventur in Ihrer persönlichen „Waffenkammer“ machen. Stellen Sie fest, über welche Techniken Sie verfügen und in welchen Bereichen Ihnen Techniken fehlen.

---

2. Wenn Sie nun Ihre eigene Inventur gemacht haben, verwenden Sie diese Liste, um auch das Verhalten Ihrer Konfliktpartner zu analysieren. Vielleicht entdekken Sie dabei, in welchen Situationen Sie regelmäßig den Kürzeren ziehen. Möglicherweise verhalten Sie sich immer noch fair, wenn andere bereits mit allen Mitteln kämpfen, wenn die „Schläge unter die Gürtellinie“ gehen und die „Messer tief fliegen“. Es könnte aber auch sein, daß Ihr Verhalten vom Gegenüber als Angriff interpretiert wird, obwohl Sie ein friedliches Angebot gemacht haben. Dann liegen vielleicht unterschiedliche Wertesysteme vor.

---

3. Überlegen Sie, welche Verhaltensweisen Sie trainieren möchten, um ein besserer Kämpfer, eine bessere Kämpferin zu werden.

---

4 Fassen Sie für sich zusammen, was einen „urwüchsigen“ Kampf von einem *kontrollierten Kampf* unterscheidet.

---

3. Kapitel

Macht-Kompetenz

Es ist noch kein Meister vom Himmel gefallen – dieses Sprichwort gilt auch für den Umgang mit der Macht. Menschen haben verschiedenartige Erfahrungen und Kenntnisse und sind daher mit mehr oder weniger Kompetenz ausgestattet. Nehmen wir die unangenehmen Erlebnisse mit der Macht einmal genauer unter die Lupe, so zeigt sich, daß die negativen Auswirkungen viel öfter durch Inkompetenz als durch böse Absicht entstehen. Es ist wie in einem Slapstick: Jemand zerschlägt das ganze Porzellan, obwohl er nur seinen Mantel anziehen wollte.

Zusätzlich zum Grad der Kompetenz entscheidet die Einstellung über die Wirkung der Machtausübung: „Wenn zwei das gleiche tun, ist es noch lange nicht dasselbe“, sagt der Volksmund. Durch die zugrundeliegende Haltung hat ein und dieselbe Handlung mitunter völlig konträre Auswirkungen. Dementsprechend unterscheiden wir drei Typen, die sich durch einen grundverschiedenen Zugang zur Macht definieren: *Macht-Asketen, Macht-Menschen* und *Macht-Gestalter.* Diese treten in drei Kompetenzgraden in Erscheinung: der *Amateur*, bei dem sich die Einstellung diffus zeigt und dessen Techniken oft ihm selbst am meisten schaden; der *Dilettant*, dessen Einstellung deutlich zu erkennen ist, der jedoch einer Fülle von Illusionen und Fehleinschätzungen unterliegt und der seine Techniken ungeschickt einsetzt; der *Profi*, der seine Ziele klar definiert hat, sie konsequent verfolgt und dafür auch ausreichende Ressourcen und Techniken zur Verfügung hat.

Die Zuordnung der eigenen Person zu diesen Typen gestaltet sich möglicherweise als schwierig. Kaum jemand wird sich selbst gerne als *Dilettant* bezeichnen, und nur wenige definieren sich selbst als *Macht-Menschen.* Hingegen findet man wahrscheinlich genügend andere Menschen, die man dort einordnen würde. Die *Profis* unter den *Macht-Menschen* sind allerdings oft schwer zu erkennen, weil sie sich ausgezeichnet tarnen können. Diese muß man an ihren Taten messen und nicht an ihren Aussagen. Zu welchem Typ man selbst gehört, erfährt man am besten durch ehrliche Selbstbeobachtung und durch die Analyse der Vorwürfe, die nahestehende Personen erheben.

Macht-Asketen

In dieser Gruppe befinden sich Menschen, die eine ablehnende Haltung gegenüber der Macht einnehmen. Sie bewerten sie als negativ und schädlich, machen sie für das Unheil in der Welt verantwortlich und lehnen jede Teilnahme daran ab. Die Weiterentwicklung der Menschen und der Menschheit liegt ihnen am Herzen, und sie arbeiten an der Errichtung einer besseren Gesellschaft. Ihr Wertesystem ist geprägt von ganzheitlicher Sicht, von Solidarität und Fürsorge, von „inneren" Qualitäten. Ein hoher ethischer Anspruch läßt sie stets nach der Legitimation ihres Handelns fragen, die Interpretation ist jedoch durch die Ablehnung der Macht gefiltert. *Asketen* verfügen dementsprechend auch über wenig Quellen der Macht. Sie haben kaum Gelegenheit, sich Machtinstrumente bewußt anzueignen und damit Erfahrungen zu sammeln. Als Machtmittel setzen sie hauptsächlich ihre Gefühle und ihre

Überzeugung ein, ohne daß es ist ihnen jedoch bewußt wäre. Auch benützen sie häufig die friedlichen Formen der Macht wie Informieren und Verhandeln als verdeckte Kampftechniken. Spricht man sie darauf an, erntet man meist heftigen Protest. Es ist mitunter äußerst schwierig, mit *Macht-Asketen* ein ernsthaftes Gespräch über ihre Beteiligung an der Macht zu führen.

Bei den *Amateuren* unter ihnen manifestiert sich die Vorstellung von einer besseren Welt eher in diffusen Wünschen und Sehnsüchten. Sie stellen möglichst keine Ansprüche und verhalten sich so unauffällig wie möglich. Von ihrer Umgebung werden sie als „lieb, nett und pflegeleicht" beschrieben. Auf offene Darstellung von Macht und erst recht auf Kampf reagieren sie nahezu allergisch. Psychologen bezeichnen extreme Ausprägungen dieser Eigenschaften als „Machtphobie", eine bereits krankhafte Angst vor Erscheinungsformen der Macht.

Die *Dilettanten* unter den *Macht-Asketen* glauben ernsthaft an die Machtlosigkeit als Lebensform und machen aus dieser Einstellung ein Prinzip. Sie provozieren mit ihrer Überzeugung, weichen in Konfliktsituationen jedoch immer weiter zurück, bis sie sich selbst schädigen und das Gegenüber durch Schuldgefühle kapituliert. Insgesamt reagieren sie leicht emotionell und ihr bevorzugtes Instrument ist das „Opfertum". Sie fühlen sich als die „Guten" und daher ständig im Recht, doch ihr Anspruch auf Toleranz endet bei den Mächtigen. Diese verachten sie und unterstellen ihnen prinzipiell böse Absichten.

Macht-Asketen, die es zum *Profi* gebracht haben, finden wir häufig in sozialen Institutionen, in Umweltorganisationen oder Friedensinitiativen. Sie verhalten sich oft militant, schrecken auch vor Gewalt nicht zurück, sind jedoch immer der Überzeugung, daß es die anderen sind, die über

Macht verfügen, und daß deren Ansprüche ungerechtfertigt sind. Bei ihnen wird der bereits erwähnte *paradoxe Effekt* wirksam – sie werden ein Teil von dem, was sie eigentlich bekämpfen.

Macht-Menschen

Macht-Menschen haben ein positives eher unkompliziertes Verhältnis zur Macht und nehmen sie als etwas Selbstverständliches wahr. Sie haben wenig Probleme bis Skrupel, ihre eigenen Interessen durchzusetzen und sich gegenüber fremden Ansprüchen abzugrenzen. Sie denken in Zielen und in Ergebnissen, sind lösungsorientiert und praktisch veranlagt. Ihre ethischen Überlegungen beziehen sich in erster Linie auf die Umsetzung ihrer eigenen Interessen, allgemeine Aspekte oder weitere Auswirkungen ihres Handelns blenden sie aus. Dabei kann es durchaus öfter vorkommen, daß sie gute Gründe für einen Kampf finden. *Macht-Menschen* verwenden viel Zeit und Kraft, um ihr Repertoire an Methoden zu erweitern und Techniken zu trainieren, und so sind sie mit Sportlern zu vergleichen, die es in ihrer Disziplin zu etwas bringen wollen. Sie legen großen Wert darauf, ihre Emotionen im Griff zu haben und sich keine Blöße zu geben. Dadurch wirken sie oft undurchschaubar und verschlossen. Angesprochen auf ihr Verhältnis zur Macht spielen auch sie ihr Potential eher herunter. Dieses ist ihnen einerseits aufgrund der allgemeinen Tabuisierung oft nicht bewußt, und andererseits ist es auch Teil ihrer Strategie, sich nicht in die Karten schauen zu lassen.

Amateure unter den *Macht-Menschen* wirken oft ähnlich tollpatschig wie kleine Tiger. Man kann schon die Reißzähne, die Krallen und auch die Tarnfarbe des Felles erkennen, doch die Aktionen sind unkoordiniert und nicht effektiv. Sie sind von der Macht ganz allgemein fasziniert und bewundern mächtige Menschen. Sie glauben, daß alles machbar ist, wenn man nur will und genügend Einsatz bringt. Dadurch haben sie zu viele Ziele auf einmal am Programm und können keine Prioritäten setzen. Der eigene Vorteil ist ihnen wichtig, was häufig nur schlecht mit einem ethischen Argument kaschiert wird. Sie sind leicht zu durchschauen, und ihre Gefühle gehen oft mit ihnen durch. Auch der Einsatz der Machtmittel bedarf einiger Präzision und Übung.

Dilettanten unter den *Macht-Menschen* halten sich für *Profi*s, sind es aber nicht. Ihre Aktionen sind leicht durchschaubar, und sie sind schlechte Verlierer – hart im Austeilen und schlecht im Einstecken. Sie kontrollieren zwar ihre Emotionen, werden jedoch im Untergrund von ihnen getrieben. Sie können nichts leicht nehmen, sind nachtragend und sehr auf ihr Image bedacht. Da sie den Kampf durchaus suchen, provozieren sie gerne, legen sich aus uneinsichtigen Gründen quer oder blockieren Abläufe, nur um Gelegenheit zur Auseinandersetzung zu haben. Ihre Seilschaften sind meist schlecht abgesichert, und so werden sie oft selbst Opfer von Machtkämpfen.

Macht-Menschen, die es zum *Profi* gebracht haben, finden wir an der Spitze der Gesellschaft: in der Wirtschaft, in der Politik, im Militär, im Klerus, in der öffentlichen Verwaltung, im Kunstmanagement und selbst in den Leitungsfunktionen sozialer Institutionen. Natürlich gehören zu diesem Typus auch die Diktatoren und Tyrannen der Weltgeschichte. Manche der *Macht-Menschen* – historisch bedingt eher Frauen – suchen sich ein privates Umfeld. Sie dominieren Familienclans oder Vereine und geben dort eine kleine Despotin oder einen kleinen Kaiser ab. Ob im kleinen oder großen Rahmen, *Profis* können ihre Ziele klar definieren und Prioritäten setzen. Sie haben ein großes

Repertoire an Machtinstrumenten, sind Experten im strategischen Verhalten und in der Durchführung gefinkelter Schachzüge. Dadurch schaffen sie oft erstaunliche Leistungen und Ergebnisse. Meist gelingt es ihnen hervorragend für ihre Vorhaben Gefühle oder Moral anderer Menschen zu aktivieren. Verbunden mit einem großen Charisma können sie ganze Nationen in einen Taumel versetzen, Untergrundbewegungen zusammenhalten oder ein Unternehmen aus dem Nichts aufbauen.

Sackgassen in der Entwicklung

Sowohl *Macht-Asketen* als auch *Macht-Menschen* stehen am Höhepunkt ihrer Entwicklung zugleich am Ende ihres Weges, denn dieser führt in letzter Konsequenz zu Zerstörung oder Selbstzerstörung. Ein Teil der *Macht-Asketen* erkrankt mit der Zeit psychisch oder körperlich, denn die dauernde Vermeidung von Auseinandersetzungen erzeugt jede Menge Streß. Andere werden durch den *paradoxen Effekt* unbewußt und unbemerkt selbst Teil eines Gewaltsystems und fügen sich oder anderen damit Schaden zu. *Macht-Menschen* hingegen sind gefährdet, mit zunehmendem Erfolg das Augenmaß zu verlieren. Sie werden fanatisch oder süchtig nach der Macht. Mit der Zeit bringen sie sich selbst und andere in immer größere Gefahren, bis sie daran scheitern.

Einige spüren frühzeitig, wenn es auf ihrem Weg gefährlich wird. Da sie aber kaum andere Denkmodelle und Vorbilder kennen, wechseln sie dann einfach die Seite. Mancher *Macht-Mensch* sucht nach der Notbremse im Machttaumel und gerät oft ins andere Extrem. Er wird zum *Macht-Asketen* und verweigert die Ausübung von Macht gänzlich. Dies ist oft auch die Motivation sogenannter Aussteiger oder Umsteiger. Wenn *Macht-Asketen* genug vom

Opferdasein und vom Nachgeben haben, dann ergreifen sie manchmal die nächstbeste Gelegenheit zur Machtausübung. Gar nicht selten sind sie dann besonders harte Chefs oder grausame Machthaber.

Die Tragik beider Wege liegt in ihrer Ausweglosigkeit. Wir bekommen diese in den großen Werken der Weltliteratur vorgeführt und können sie sogar manchmal im Freundeskreis nachvollziehen: Nach einer kurzen Erleichterung müssen die „Überläufer" erkennen, daß sie wieder in einer Sackgasse gelandet sind. Die darauffolgende Orientierungslosigkeit wird in der Psychotherapie als Sinnkrise bezeichnet, oft genug ist sie jedoch eine Krise im Umgang mit der Macht.

Man kann eine solche Krise aber auch als Chance nutzen und nach dem Schwanken zwischen den Extremen einen Ausweg aus dem „Entweder – Oder" finden. Anstatt die Macht rundweg abzulehnen, oder sich ihr mit Haut und Haar zu verschreiben, gilt es, einen anderen Weg zu entdecken.

Macht-Gestalter

Gestalter der Macht sind in der Lage, ihr Verhalten an die jeweilige Situation anzupassen. Sie haben ein realistisches Verhältnis zur Macht, weil sie erkannt haben, daß Macht das adäquate Mittel zur Lösung von Interessenskonflikten ist. Da sie auch die friedlichen Formen der Macht beherrschen, können sie die Kampfsituationen gering halten. Sie lehnen Kampf und Gewalt ab, sind sich jedoch dessen bewußt, daß es manchmal unvermeidlich ist, sie einzusetzen. Deswegen haben sie ein großes Repertoire an Informations- und Verhandlungstechniken, für den Notfall aber auch Kampftechniken zur Verfügung. *Macht-Gestalter* haben gelernt, mit ihren Emotionen selbstreflexiv umzugehen. Sie wissen, daß man diese nur im geschützten Rahmen ausleben sollte, daß man sie aber in Konfliktsituationen als Motor und als Kompaß nutzen kann. Dadurch ist es ihnen möglich, ein ausgewogenes Verhältnis zwischen strategischem und authentischem Verhalten herzustellen. Sie sind in der Lage, die Eskalation der Machtausübung durch ihre maßvolle Strategie zu kontrollieren.

Auch *Macht-Gestalter* können *Amateure* sein. Manche waren bereits im Lager der *Macht-Asketen* oder der *Macht-Menschen* und haben vielleicht eine Phase der Orientierungslosigkeit hinter sich. Der Wechsel zum *Macht-Gestalter* wird nicht selten durch einen „Quantensprung" im Bewußtsein ausgelöst, nämlich durch die plötzliche Erkenntnis, daß es so nicht weitergeht. Ab diesem Moment beginnt ein neuer Lernprozeß, der von den Erfahrungen, die jemand mit seinem früheren Machtverhalten gemacht hat, abhängig ist.

Ehemalige *Macht-Asketen* brauchen ein umfassendes Training in strategischem Verhalten und eine Erweiterung ihrer Kampftechniken. Sie müssen lernen, ihre Sehnsüchte in Ziele umzuwandeln und Prioritäten zu setzen. Dazu ist die Einsicht notwendig, daß man nicht von allen Menschen geliebt werden kann, und daß man auch selbst nicht immer nett sein muß. Weiters brauchen sie die Erfahrung, daß auch nach einem Kampf ein nachhaltiger Frieden möglich ist.

Ehemalige *Macht-Menschen* hingegen brauchen Sensibilisierung für feinere Töne, Schulung in friedlichen Machtformen, sowie eine „Desensibilisierung" ihrer Kampfbereitschaft. Sie müssen lernen, ihre Verteidigungs- oder Angriffshaltung auch manchmal aufzugeben und dadurch verletzbarer zu werden, ohne dabei ihren Schutz völlig zu verlieren. Obwohl sie bestens trainiert sind, niemals ihre Ziele aufzugeben, müssen sie diese als *Macht-Gestalter* flexibel und relativ halten. Dadurch bekommen andere Menschen mehr Möglichkeiten, mit ihnen in Kontakt zu treten. Personen, die sich in beiden Gruppen aufgehalten haben, bringen schon ein hohes Ausmaß an Techniken und Erkenntnissen mit. Diese müssen sie nun unter neuen Gesichtpunkten einsetzen und damit ihre Erfahrungen sammeln.

Macht-Gestalter machen auch eine Phase als *Dilettanten* durch, wenn sie meinen, bereits besser zu sein, als sie tatsächlich sind. Die Befindlichkeit schwankt zwischen Überschätzung und Minderwertigkeitsgefühlen, die Konfliktdichte ist hoch und die Lösungskompetenz noch gering. Unsicher fallen sie oft in ihre alten Verhaltensmuster zurück. Zu Beginn dieser Entwicklung stehen oft quälende Ängste: ob das Leben nun langweilig würde, ob man etwas versäume oder ob dieses Verhalten in der heutigen Zeit angemessen wäre. Doch der rasch spürbare Zuwachs an Lebensqualität liefert ausreichende Motivation zum Weitermachen. Nach einiger Zeit der Übung können sie es zur Meisterschaft im Umgang mit der Macht bringen.

Profis unter den *Macht-Gestaltern* haben es geschafft, dieses überaus komplexe und widersprüchliche Thema in ihr Leben zu integrieren. Dabei versuchen sie nicht, einen Idealzustand der Unverwundbarkeit und des garantierten Erfolges zu erreichen, sondern einen „Realzustand“. Erfolg und Mißerfolg tauchen im unregelmäßigen Wechsel auf, beide verlieren jedoch ihre Dramatik. Das Bewußtsein der Vergänglichkeit nimmt dem Erfolg seinen Rausch und dem Mißerfolg die Spitze. *Profis* setzen die Mechanismen der Macht angemessen und situationsbezogen ein, ohne ihre eigenen Werte zu verraten. *Macht-Asketen* und auch *Macht-Menschen* werden irgendwann an ihre Grenzen stoßen. Hingegen können *Macht-Gestalter* ihre Kompetenz laufend weiterentwickeln. Dieses Konzept ist theoretisch unbegrenzt erweiterbar, weil man dabei immer situativ vorgehen kann und sich nicht über längere Zeit in Extremen aufhalten muß. *Macht-Gestalter* finden im Umgang mit der Macht das rechte Maß und gewinnen durch gezieltes Training stetig noch an Qualität dazu.

Anregungen zur Selbstreflexion und Trainingsziele

1. Forschen Sie in Ihrer persönlichen Lebensgeschichte, wie sich Ihre Einstellung zur Macht entwickelt hat. Gehören Sie eher zu den *Macht-Asketen* oder zu den *Macht-Menschen*?

---

2. Auf welcher Kompetenz-Stufe bewegte sich Ihr Umgang mit der Macht? Zählen Sie sich eher zu den *Amateuren*, zu den *Dilettanten* oder zu den *Profis*?

---

3. Holen Sie zu diesen beiden Fragen auch die Meinung einer anderen Person ein und vergleichen Sie Selbsteinschätzung und Fremdeinschätzung.

---

4. Welche Ihrer Verhaltensweisen entsprechen bereits den Prinzipien des *Macht-Gestalters*?

---

5. Legen Sie fest, welche Ziele im Bereich der Macht-Kompetenz Sie anstreben. Verwenden Sie die Tabellen und Checklisten als Hilfsmittel:

Bedürfnisse	S. 66
Legitimation	S. 66
Interessenskonflikte	S. 62 f.
Quellen der Macht	S. 87
Schauplätze der Macht	S. 105
M. E. K-Strategie	S. 142 f.
Kampftechniken	S. 169

6. Wenn Sie sich im vorigen Kapitel als *Macht-Asket* oder als *Macht-Mensch* wiedergefunden haben, so bietet die folgende Übersicht mögliche Ziele, wie Sie auch Sackgassen der Entwicklung überwinden können. *Macht-Gestalter* können diese Ziele nutzen, um ihre Kompetenz laufend zu steigern.

Menschen, die mit der Macht maßvoll umgehen,

- *kennen und bewerten ihre Bedürfnisse*
- *haben eine klare Zielvorstellung und setzen Prioritäten*
- *beachten mögliche Widerstände*
- *überprüfen eigene und fremde Reaktionen*
- *erweitern ständig die Quellen ihrer Macht*
- *fragen nach der äußeren und inneren Legitimation zur Ausübung*
- *klären die Grenze zum Macht-Mißbrauch ab*
- *verfügen über ausreichende Ressourcen*
- *sind sich der Schauplätze und ihrer Spielregeln bewußt*
- *erkennen unterschiedliche Wertesysteme*
- *können ihre eigenen Emotionen beherrschen und sinnvoll nutzen*

- *bewerten das Risiko realistisch*
- *sichern ihre Strategie durch ein Worst-case-Scenario*
- *betreiben gezielte Informationspolitik*
- *beherrschen ausgefeilte Verhandlungstechniken*
- *entscheiden rechtzeitig über einen geordneten Rückzug*
- *besitzen für den Ernstfall eine gut bestückte „Waffenkammer"*
- *setzen die Mittel im kontrollierten Kampf sparsam ein*
- *bemühen sich, eine Eskalation zu verhindern*
- *beenden einen Konflikt nie mit einem Sieg, sondern mit der Verhandlung*
- *reduzieren Gewalt durch flexible Ziele und Verteidigungsbereitschaft*
- *zeichnen sich durch Ausdauer, Geduld, Mut und Kreativität aus*
- *bewegen sich in machtfreien Räumen authentisch und offen*

Entwickeln Sie nun Ihr persönliches Trainingsprogramm zur systematischen Umsetzung Ihrer Pläne.

Literaturhinweise

Philosophie und Gesellschaft

Acham, Karl: Gesellschaftliche Prozesse. Beiträge zur historischen Soziologie und Gesellschaftsanalyse, Verlag P. Struzl 1983

Anders, Günther: Ketzereien. C. H. Beck 1996

Debord, Guy: Die Gesellschaft des Spektakels. Klaus Bittermann 1996

Eder, Anselm: Das Böse. Edition va bene 1999

Gamm, Hans Jochen: Standhalten im Dasein. List 1993

Lao Tse: Das Tao der Stärke. Knaur 1996

Menasse, Robert: Das Land ohne Eigenschaften. Glas 1992

Safranski, Rüdiger: Das Böse oder Das Drama der Freiheit. Hanser 1997

Guggenbühl, Adolf / Kunz, Martin: Das Schreckliche. Spiegel 1990

Sloterdijk, Peter: Eurotaoismus. Zur Kritik der politischen Kinetik. Suhrkamp 1996

Machttheorien

Arendt, Hannah: Über die Revolution. Piper 1994

Bahr, Egon: Deutsche Interessen. Streitschrift zu Macht. Blessing 1998

Canetti, Elias: Masse und Macht. Fischer 1998

Michel Foucault: Mikrophysik der Macht. Berlin 1976 aus: Liessmann, Konrad: Vom Denken. Einführung in die Philosophie, Braumüller. Wien1992

Foucault, Michel: Botschaften der Macht. DVA 1999
Machiavelli, Niccolò: Der Fürst. Insel 1990
Nippel, Wilfried: Virtuosen der Macht. C. H. Beck 2000
Ogger, Günter: Macher im Machtrausch. Droemer 1999
Schopenhauer, Arthur: Die Kunst, recht zu behalten. Insel 1995
Schwarz, Gerhard: Die „Heilige Ordnung" der Männer. Westdeutscher Verlag 2000
Weber, Max: Politik als Beruf. Reclam 1992

Psychologie

Cohen, David: Die geheime Sprache von Geist, Verstand und Bewußtsein. Kailash 1996
Datené, Udo / Datené, Gerd: Burnout als Chance. Gabler 1994
Filliozat, Isabelle: Die Intelligenz der Gefühle entdecken. Walter 1998
Goleman, Daniel: Emotionale Intelligenz. dtv 1997
Hampden-Turner, Charles: Modelle des Menschen. Psychologie Heute. Beltz 1991
Hite, Shere: Hite Report. Erotik und Sexualität in der Familie. Knaur 1994
Leary, Timothy: Info-Psychologie. Sphinx 1991
Lucas, Manfred: Hören, Hinhören, Zuhören. Gabal 1995
Miller, Alice: Das Drama des begabten Kindes. Suhrkamp 1994
Panse, Winfried / Stegmann, Wolfgang: Kostenfaktor Angst. mi 1996
Psychologie Heute, Lebenslust. Beltz 1999
Richter, Horst-Eberhard: Umgang mit Angst. Econ 1995
Riemann, Fritz: Grundformen der Angst. Ernst Reinhardt 1997
Schulz von Thun, Friedmann: Miteinander reden. rororo 1997
Seifert, Angela: Jetzt pack ich 's an. Trias 1999

Wardetzki, Bärbel: Ohrfeige für die Seele. Kösel1994
Waterman, Robert. H: Ad-hoc-Strategien. Die Kraft zur Veränderung. Junfermann 1993
Zielke, Wolfgang: Konzentrieren keine Kunst. Campus 1989

Männer und Frauen

Belenky, Mary: Das andere Denken. Campus 1989
Benard, Cheryl / Schlaffer, Edit: Die Emotionsfalle. Krüger 1999
Berckhan, Barbara: Die etwas gelassenere Art, sich durchzusetzen. Kösel 1995
Bly, Robert: Eisenhans. Knaur 1993
Dux, Günter: Die Spur der Macht im Verhältnis der Geschlechter. Suhrkamp 1997
Ehrhardt, Ute: Gute Mädchen kommen in den Himmel, böse überall hin. Krüger 1996
Evatt, Cris: Männer sind vom Mars, Frauen von der Venus. mvg 1997
Goldberg, Herb: Der blockierte Mann. Kabel 1989
Gray, John: Männer sind anders. Frauen auch. Goldmann1993
Greer, Germaine: Die ganze Frau. dtv 2000
Guggenbühl, Allan: Männer Mythen Mächte. Kreuz 1994
Kreissl, Reinhard: Die ewige Zweite. Droemer 2000
Lintschinger, Sabine: Karriere-Handbuch für Frauen. Ueberreuter 1999
Pfennig, Jörg: Abschied von der Männlichkeit. Heyne 1994
Mitscherlich, Margarete: Die Zukunft ist weiblich. Piper 1990
Mühlen-Achs, Gitta: Geschlecht bewusst gemacht. Frauenoffensive 1998
Natale, Frank: Lebendige Beziehungen. Simon u. Leutner 1991

Norwood, Robin: Wenn Frauen zu sehr lieben. Rowohlt 1987
Rubin, Harriet: Machiavelli für Frauen. Krüger 1998
Schäfer, Bodo / Ferstl, Carola: Geld tut Frauen richtig gut. mvg 2000
Schellenbaum, Peter: Aggression zwischen Liebenden. dtv 1996
Schulz, Berndt: Wenn Männer in der Falle sitzen. Patmos 1998
Smothermon, Ron: Das Mann–Frau Buch. Context 1988
Storch, Maja: Die Sehnsucht der starken Frauen nach dem starken Mann. Walter 2000
Weininger, Otto: Geschlecht und Charakter. Braumüller 1919
Zulehner, Paul M. / Volz, Rainer: Männer im Aufbruch. Schwabenverlag 1999

Machtstrategien in der Praxis

Becker, Bruce: Entscheidungen. Wie Sie das erreichen, was Sie wollen. Gabal 1993
Berckhan, Barbara: Die etwas intelligentere Art, sich gegen dumme Sprüche zu wehren. Kösel 1999
Berg, Wolfhart: Mit den Wölfen heulen. Heyne 1995
Carnegie, Dale: Wie man Freunde gewinnt. Scherz 1981
Cicero, Antonia / Kuderna, Julia: Die Kunst der „Kampfrhetorik". Junfermann 1999
Clavell, James: Sunzi. Die Kunst des Krieges. Droemer 1999
Edelman, Joel / Crain, Mary Beth: Das Tao der Verhandlungskunst. Kabel 1995
Fensterheim, Herbert / Baer, Jean: Sag nicht Ja, wenn Du Nein sagen willst. Orbis 1993
Fisher, Roger / Ury, William / Patton, Bruce: Das Harvard-Konzept. Campus 1998

Fricke, Wolfgang / Csuvala, Walter: Erfolgreich verhandeln. Verlag ÖGB 1988
Friedrich, Gerhard / Ditz, Katharina: Wer nicht auffällt, fällt durch. Deuticke 1997
Gerken, Gerd: Der neue Manager. Haufe 1986
Gordon, Thomas: Managerkonferenz. Heyne 1989
Greene, Robert: Power. Die 48 Gesetze der Macht. Hanser 1999
Huang, Al Chungliang / Lynch, Jerry: Tao Sport. Denkender Körper – tanzender Geist. Bauer 1995
James, Judi: Überleben im Bürodschungel. mvg 1998
Kälin, Karl / Burkhardt, Kurt: Captain oder Coach? Ott 1995
Kirschner, Josef: So siegt man, ohne zu kämpfen. Herbig 1998
Leymann, Heinz / Niedl, Klaus: Mobbing. Psychoterror am Arbeitsplatz. Verlag ÖGB 1994
Looss, Wolfgang: Coaching für Manager. mi 1991
Majce-Egger, Maria: Die Macht begehren. Studienverlag Innsbruck 2000
Male, Matthias: Rache ist Blutwurst. mgv 1997
Mayer, Robert: Der Verhandlungskünstler. Ueberreuter 1998
Noll, Peter / Bachmann, Hans Rudolf: Der kleine Machiavelli. Pendo 1998
Pechtl, Waldefried: Zwischen Organismus und Organisation. Veritas 1989
Poschardt, Ulf: Anpassen. Rogner u. Bernhard 1998
Schiejok, Walter / Deibl, Maria: Die Chef-Therapie. Verlag ÖGB 1992
Simon, George K.: Wölfe im Schafspelz. mvg 1998